KB025363

당신도 오늘부터 IT기업 개발자

한 권으로 끝내는 IT기업 취업의 모든 것

당신도 오늘부터 IT기업 개발자(개정판)

초판 1쇄 인쇄 2023년 5월 11일
개정판 1쇄 인쇄 2024년 2월 29일
개정판 1쇄 발행 2024년 3월 14일

지은이 문영란

발행인 백유미 조영석
발행처 (주)라온아시아
주소 서울특별시 서초구 방배로 180 스파크플러스 3F

등록 2016년 7월 5일 제 2016-000141호
전화 070-7600-8230 **팩스** 070-4754-2473

값 17,500원
ISBN 979-11-6958-098-4 (13320)

※ 라온북은 (주)라온아시아의 퍼스널 브랜드입니다.

< >

한 권으로 끝내는
IT기업 취업의 모든 것

개정판

당신도 오늘부터 IT기업 개발자

문영란
지음

비전공자도
'네카라쿠배당토직야'의
개발자가 될 수 있다!

- ✧ 문영란 프로의 "나에게 맞는 기업/직무" 코칭!
- ✧ 프론트엔드/백엔드도 모르는 당신을 위한 직무 역량 10배 상승 IT 개발자 취업 컨설팅!
- ✧ 합격생 컨설팅 후기, 기업별 개발자 취업 로드맵 제시!

기업별
취업 성공사례

면접, 자소서
작성법 대공개

RAON
BOOK

프롤로그

IT시대! 나도 개발자 되기! IT기업 합격의 길!

2023년 한 해 동안 150개가 넘는 대기업(현대, LG, 삼성 등)과 IT서비스 기업(카카오, 네이버 등)들을 살펴보았습니다. 그리고 금융, 유통, 자율주행, IOT, 모바일, 스마트팩토리, IT플랫폼의 모든 영역에 걸쳐 공통으로 던지는 질문이 있었습니다. 바로 "IT기술이 흘러가는 방향을 예측하고 선점할 수 있는 방법은 무엇일까?"입니다.

세상은 빠르게 변합니다. 특정 분야의 1위 기업이 소리소문없이 사라져 버리고 이미 많은 기업들이 도태의 길로 접어들고 있습니다. 우리는 매일 폰으로 세상을 접하고 키오

스크로 비대면 주문을 하며 메타버스인 게더타운에서 수업을 수강합니다. 우리 삶 곳곳을 IT기술이 점령하고 있고, 간단한 계좌이체부터 시작해서 AI은행원의 등장으로 1년 사이에 은행 점포 658지점이 폐쇄되었습니다.

이제 IT 개발속도를 미리 예측할 수 없는 시대에 도래했고, IT 관련 취업 분야도 공급과 수요가 무궁무진해졌다고 할 수 있습니다. 이러한 시대에 편승하여 앞서 나가려면 IT 진로와 취업의 큰 그림을 전체적으로 살펴보고 본인만의 경쟁력을 키워 향후 1년 이내의 IT 세상에서 우위를 점해야 합니다.

그러면 어떻게 IT 관련 진로와 취업을 알아보고 준비할 수 있을까요? 이러한 고민을 하고 있을 독자들을 위해 이 책을 출간하였습니다.

저는 컨설턴트로서 취업 현장에서 컨설팅을 해 오면서 제가 알고 있는 지식과 스킬을 유튜브나 다른 전달방식으로 제공해 달라는 제의를 줄곧 받아 왔습니다. IT개발자 취업 현장인 공대 전문 컨설턴트로 일해 왔고, 예비IT개발자들에게 진로와 취업 컨설팅을 하는 과정에서 축적된 저만의 경험을 압축하여 이 책에 담았습니다. 합격한 학생들에게 제공한 노하우와 여러분들이 궁금해 할 질문 및 피드백을 바탕으로 내용을 단단하게 실었으며, 취업 준비에 답답함을 느끼고 있는 모든 분들께 시원한 답변을 해 드리겠습니다.

특히, 기대와 두려움을 안고 계신 독자 여러분! 첫 출발을 두려움으로 시작했다면 그러한 감정이 우리를 더 빠르게 IT 취업 세상으로 인도할 것이고, 그 과정에서 성장하는 스스로의 모습을 보며 큰 기대를 함께 할 수 있으리라 생각합니다.

여러분의 도전을 응원하며 그 길에 함께 하겠습니다!

문영란 프로(컨설턴트)

전) 삼성청년SW아카데미(SSAFY)컨설턴트
현) 스타트업 IT컨설턴트
IT개발자 취업컨설턴트

차 례

프롤로그 IT시대! 나도 개발자 되기! IT기업 합격의 길! · 004

1장

IT취업을 준비하는 100% 성공 전략! 3가지 팁!!

전기, 전자 전공이라도 개발자로 성공하기! · 015

경영, 경제 금융권 면접 팁! · 019

카카오 인턴 거쳐 정규직 진출 성공기 · 022

※ 특별부록 : AI 추론 영역, 플랫폼 스타트업이 대세다(최고의 스타트업 알아보기!)

SK와 삼성전자, 스타트업 AI 기술 경쟁 어디까지 진행 중인가? · 030

국내AI, 통신사와 결합한 AI스타트업으로 뜨겁게 발전한다! · 035

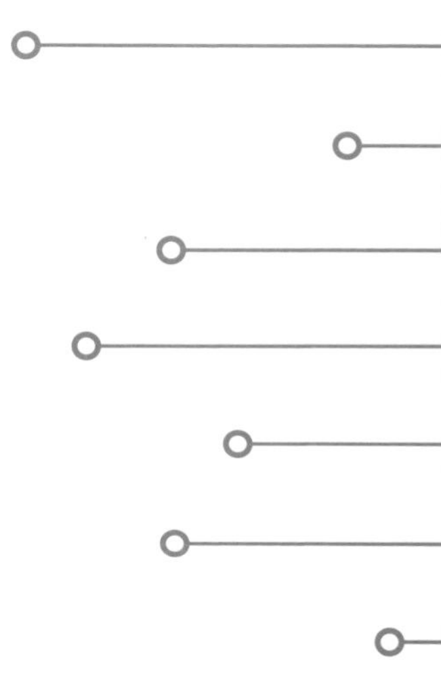

2장

IT플랫폼 기업 특징 및 대기업 취업 전략

IT플랫폼·IT서비스 계열 : 전공자·비전공자별 취업전략 · 041
스타트업 기업 취업 무엇을 다르게 준비해야 하나? · 054
인문계열 전공은 삼성SW 직무에 못 가는 건가요? · 062
누구나 가고 싶은 삼성 SW 개발직무 · 066
1박 2일 면접, SKT IT개발 직무 · 074
C 언어 기초부터, 현대 계열 현대오토에버 · 081

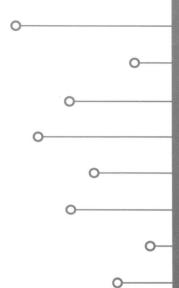

3장

직무 파헤치기

안드로이드, IOS앱 개발 업무는 무엇이 다른가? · 091
AI/ML 석·박사급이 대부분… · 097
백엔드(IT서비스), 금융권(뱅킹서비스)에 취업하려면? · 103
프론트엔드, 고객 입장의 개발자가 되려면? · 113
신기술분야의 개발자 되기(데이터 엔지니어, 인공지능, 블록체인) · 119
프로젝트 전체 관리자 PM & IT기획 · 125

4장

영란 프로만의 직무별 취업 성공 사례 준비 노하우

네이버 데이터 엔지니어/인턴을 거쳐 정규직까지 · 135
카카오 백엔드 개발자 · 140
신한은행 뱅킹 서비스 · 146
공기업 전산직(JAVA 개발자) · 152
프론트엔드 : 기본기능부터 최신 기술 스택까지 실제 사례 · 158
현대자동차 내비게이션 직무 · 165
넥슨코리아 PM/한국우주항공(주) ICT 기획 · 170

5장 합격생의 포트폴리오 & 자기소개서, 면접 노하우

무엇을, 어떻게 기술해야 하나? · 181

포트폴리오 구성 예제 : 꼭 들어가야 하는 포트폴리오 내용 · 186

IT서비스 기업 합격 자기소개서의 비밀 엿보기 · 189

IT서비스 기업 면접 노하우 · 193

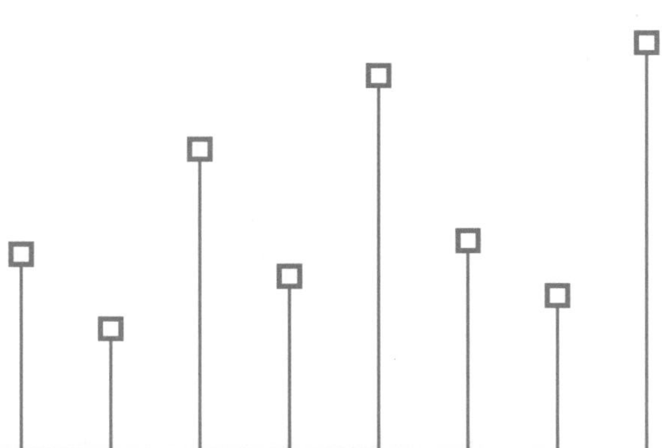

```
<!DOCTYPE html>
<html lang="en">
<head>
   <title>My perfect website</title>
   <meta charset="utf-8" />

   <link rel="preconnect" href="//s3.mysite.com" />
         <link rel="preconnect" href="//www.mysite.com" />

   <meta name="viewport" content="width=640, initial-scale=1">

                  <script>
                  var mytag = mytag || {};
                  mytag.cmd = mytag.cmd || [];
                  (function() {
                           var gads = document.createElement('script');
                           gads.async = true;
                           gads.type = 'text/script';
                           var useSSL = 'https:' == document.location.protocol;
                           gads.src = (useSSL ? 'https:' : 'http:') + '//www.mytagservices.com/ta
                           var node = document.getElementsByTagName('script')[0];
                           node.parentNode.insertBefore(gads, node);
                  })();
                  mytag.cmd.push(function() {
                                                       var homepageSquarySizeMapping = mytag.
                                       addSize([945, 250], [200, 200]).
                                       addSize([0, 0], [300, 250]).
                                       build();
                              mytag.defineSlot('/1023782/homepageDynamicSquare', [[300, 250],
```

</ 1장 >

IT취업을 준비하는 100% 성공 전략! 3가지 팁!!

전기, 전자 전공이라도 개발자로 성공하기!

현대계열(현대자동차, 현대오토에버, 현대모비스)(제조업) 전기 전자과 학생

(전자·전기적 지식+알고리즘/코딩 능력, 컴퓨터 관련 제반 지식 필요)

개발자가 되기를 원하는 지망생 중에는 공대생을 포함해 비전공자들이 상당수 포함되어 있다. 여기서 말하는 비전공자란? 컴퓨터 전공을 하지 않은 모든 비전공자들을 통틀어서 하는 말이다.

특히 전기, 전자 쪽 전공인 경우 IT지식이 갖추어질 경우 진출 분야가 훨씬 넓어진다. 컨설팅을 해 오면서 보면, 전기과를 졸업한 학생들은 전기기사 자격증 취득 외에 관련 경험을 쌓기도 어렵고, 공기업이나 중견기업 중 설비보전이나 시설관리 쪽으로 선택권이 한정되는 경우가 많다. 하지만 전공 실력이 어디 가지 않았다면, 그리고 IT 지식만 더해진다면, 도전할 수 있는 분야는 그 수가 2~3배로 넓어진다.

전자과도 마찬가지이다. 보통 아두이노를 사용해서 C언어나 C++, 라즈베리파이를 이용한 개발을 하지만, 해당 부분 역량이 깊다고 볼 수 없고, 코딩 관련 공부를 해 본 적이 없어 IT 개발 쪽으로 지원하기가 어렵다. 그렇다 보니 전자 쪽 학생들도 전기기사에 도전하는 케이스가 제법 많다.

그러면 현대계열 쪽 회사에 지원하여 성공한 비전공자들은 어떻게 준비해서 취업에 성공했을까? 공통된 부분이 있다면 전공과 IT 관련 지식이다.

만약 차량전자SW나 차량응용 SW 직무에 지원한다면 전공지식에서 공통적으로 임베디드 SW 개발 경험과 Linux OS 경험, C언어와 C++ 경험을 같이 본다. 보통 전기, 전자 쪽 졸업생은 관련 전공을 이수하거나 언어를 사용해 보지만, 이를 이용해서 코딩을 할 수 있는 역량까지 마련한 경우는 드물다. 실제 채용 과정에서 코딩테스트를 통과해야 하다 보니 학부생 기준 경험을 기술하였다고 하더라도 코딩 테스트와 IT 지식에 대한 자신감이 부족하여 그냥 전기기사 공부에 올인하게 된다.

이러한 선택의 기로에서 IT 교육 쪽으로 눈을 돌려 취업에 성공한 사람들은 어떤 공부를 하였을까? '알고리즘?? 이게 뭐지' 하겠지만, 개발자들은 각자의 코드로 서로 대화를 한다.

그러면, 코딩을 하려면 어떻게 해야 할까? 자기만의 개발 언어를 우선 하나 선택해야 한다. 회사에서 요구하는 개발 언어 중 한 가지만이라도 제대로 할 수 있다면 코딩 시험과 학부 때 전공지식으로 지원이 가능하다.

사실 개발 언어 중 쉽게 접근 가능한 파이썬으로 취업에 성공한 케이스들이 다수 있다. 코딩 과정을 공부한다면 기본 컴퓨터 이론 과정을 이수할 수 있다. 본인이 듣고 싶은 과정으로 구성된 교육훈련과정은 얼마든지 찾아서 들을 수 있도록 구성이 잘 되어 있다. 개발 언어를 체계적으로 익힐 수 있는 좋은 훈련기관은 상당히 많으며, 노동부와 연계하여 비용에 대한 부담도 덜고 교육을 받을 수 있다.

특히 언어 부분에서 파이썬, 자바, 자바스크립트 문법을 사용해 볼 수 있으며, 이를 통해 알고리즘 실력을 크게 올릴 수 있고, 웹 개발 시 필요한 기본적인 백엔드, 프론트엔드 개발 역량을 쌓으면서 DB 관련 지식도 공부가 가능하다.

이 과정에서 작게나마 소규모 프로젝트를 통해 배운 내용을 활용할 수도 있다.

이 정도만 해도 현대계열 코딩 시험에 통과가 가능하다. 이렇게 쌓은 코딩 실력으로 차량전자SW나 차량응용SW 분야에 지원이 가능하나, 자동차 계열인 만큼 C언어나 C++에서 기본적인 지식 정도는 다시 점검하고 지원할 필요가 있다.

현대자동차에 지원하고 싶으나 학부생 때 관련 프로젝트 경험이 없다면 코딩 실력을 구비한 후 교육과정 중 자율주행 관련 프로젝트를 통해 해당 실력을 보강해 보자. 실제 프로젝트 중 자율주행 과정을 선택해서 개발을 할 수 있으며, 현업에서 사용하는 협업 툴을 이용해 경험을 할 수 있다.

한편 현대계열 특성상 필요한 PT면접이나 기술적인 내용은 합격한 개발자의 예시를 통해 뒤에서 설명해 나가겠다.

경영, 경제 금융권 면접 팁!

대표적인 금융권 중 하나인 국민은행 준비과정을 먼저 간단히 이야기하고 넘어가려고 한다. 신한은행에 합격한 케이스는 매우 많아 뒷부분에서 자세히 언급하는 것이 좋을 것 같으므로 이 부분에서는 일단 생략하기로 한다.

두 은행 모두 직무, 인성, CS 지식을 물어보지만, 다른 부분이 있다면 국민은행은 인성 부분에 더 집중되어 있으며, 포트폴리오와 PT 면접을 따로 본다는 점이다. 본인이 한 프로젝트에 대한 추가 질문이 상당히 많고, 개발 트렌드에 관련된 키워드 중 하나를 골라 주어진 시간에 준비를 하고 발표를 해야 한다. 또한 IT 트렌드 이외에도 사회 이슈 전반에 대한 본인의 견해를 물어보기 때문에 지식적인 차원뿐만 아니라 본인의 견해를 정리해 놓을 필요가 있다.

실례로 22년 대구은행 면접에서 10월에 카카오 서비스 먹통 사건에 대해 해당 기업이 사회적 책임을 져야하는지에 관한 찬반 토론면접을 진행하였고, 국민은행 또한 은행의 횡령 문제에 대해서 본인의 견해를 구체적으로 물어보았다.

짧은 시간 안에 논리적으로 이야기를 구성해 내는 능력은 갑자기 길러지는 것이 아니기 때문에 인문학적인 소양이 있는 경제, 경영 관련 전공자들이 더 수월하게 답변을 정리해 낼 수 있다. 답변마다 추가 질문들이 있기 때문에 해당 부분에 대한 지식이 정확하지 않다면 이야기하지 않는 것을 추천한다.

특히 PT발표를 준비해야 한다는 점에서 예비개발자들이 부담을 더 느끼며, 사전 과제로 제출하는 포트폴리오 페이지가 2페이지로 한정되어 있어 자신이 잘하는 부분을 어필하는 데에 집중해야 한다.

포트폴리오에 들어가는 내용을 간단히만 언급하고 가자면, 프로젝트에 대한 간단한 소개와 개발환경, 기능에 대한 설명, 성과 및 운영 순으로 기재한다. 여기에 본인이 수행한 역할에 대해서 열거하면서 실제 개발을 어떻게 진행하였는지 두 장 내외로 자세히 설명하며, 본인이 만든 설계구조도나 코드, 기술구현을 어떻게 하였는지 상세화하여 역량을 구체화하는 요령이 필요하다.

또한 빅테크 기업과 협업하면서도 차별화를 가져야 하는 만큼 신기술에 관심이 매우 높아 보통 메타버스, 초개인화, 블록체인, 빅데이터 부분에 대한 경험이 있는 것을 선호한다. 아울러 은행권의 특성상 보수적인 느낌이 있어 답변하는 데 있어서도 단어의 선택 하나하나에 많은 준비가 필요하다.

그러면 은행권에서 많이 뽑는 백엔드 개발자로 지원하려면 어떤 부분을 준비하면 좋을까? 포트폴리오에는 어떤 내용을 실어야 하나? 그 부분에 대해서 3장 '직무 파헤치기'에서 금융권 백엔드 중심으로, 그리고 IT서비스 카카오를 예로 들어 구체적으로 설명해 두었으니 두 부분을 참고하길 바란다.

카카오 인턴 거쳐 정규직 진출 성공기

컴퓨터공학과를 나와 1년의 ○○ 부트 캠프 과정, 카카오 인턴을 거쳐 당당하게 정규직이 된 학생의 사례이다. 여러분도 취업이나 이직 준비 과정에서 심적 불안과 어려움을 느끼게 되는 고비가 한 번은 있었을 것이고, 이를 극복하길 바라는 마음으로 이 사례를 앞부분에 먼저 실었다.

나를 찾아오는 보통의 학생들이 가장 가고 싶은 회사는 어느 업종이 실제로 많을까? 지금 속으로 여러분이 되뇌고 있을 회사, 정답! 여러분들도 다 아는 '네카라쿠배당토'이다.

이 학생도 마찬가지로 여기를 생각하고 있었다.

보통 컴퓨터공학과를 나오면 '4년간 많은 지식을 통해 전문가가 되어 있거나 프로젝트 경험이 많겠지?'하며 다른 비전공 취준생들은 자신이 그들과 경쟁이 될 수 있을지를 먼저 걱정한다.

그런데 사실 여러분도 대학교를 나와서 알겠지만, 우리가 대학을 졸업했다고 해서 그 분야의 전문가가 되어 있을까? 전혀 그렇지 않다. 학문을 다루는 대학은 전체적인 과목을 훑고, 나머지 전문지식은 본인의 노력에 따라 석사과정에 진학하거나 스스로 채워 나가는 부분이 매우 크다. 특히 공과대 학생이라고 해도 실험실에 들어가서 연구를 하는 경우가 아니라면 졸업 프로젝트를 한 번 경험하거나 개인프로젝트를 한 번 하는 정도가 대다수이다.

지식의 깊이는 또 어떨까? 이것도 기초지식을 사용하는 정도이므로 본인의 강점이라 내세울 수 있는 수준이 아닌 경우가 많다.

이 학생도 전공인 컴퓨터공학과에서 본인만의 강점을 마

련하지 못하였다. 학부생 때 가장 마련하기 힘든 능력 3가지를 꼽는다면, 첫 번째는 알고리즘 실력, 두 번째는 주된 언어, 마지막은 프로젝트 경험이다.

그럼 어떻게 관련 능력을 준비했을까?

첫 번째, 알고리즘 실력은 혼자서 키워 나갈 수도 있다. 그런데 어렵지 않을까? 개인적으로 준비를 할 수도 있겠지만 스스로 공부하는 데 어려움을 느끼는 학생은 잘하는 학생들과 어울려 할 수 있는 스터디 모임을 먼저 추천한다. 반드시 부트 캠프 교육과정이 아니더라도 공모전 준비반이나 코딩스터디 모임을 어디서든 쉽게 찾을 수 있으니 이 부분에 대해서 크게 고민하지 않아도 된다. 또 주위에 졸업한 동기나 선배로 구성하는 것도 좋다. (사담이 많으면 좋지 않으므로 되도록이면 의지가 있는 경우에만)

'백준(Baekjoon)'이나 '프로그래머스'로 문제풀이를 하고 팀원 각자의 코드 리뷰를 통해 부족한 부분을 하나씩 점검하는 스터디가 돼야 한다. 이 과정에서 문제 접근 방법만이 아니라 정확하게 푸는 스킬, 또는 시간 안에 문제를 풀어나가는 방법을 스스로 체득할 수 있어야 한다. 특히 코드를 짜는 것에만 집중하는 것보다 보기 좋은 코드란 무엇일지에 대해 고민하고, 클린 코드를 짜기 위한 연습을 해야만 이후 실제 면접에서도 면접관과 함께 자신의 코드를 쉽게 설명하고 이해시킬 수 있다.

처음에 문제를 풀어나가는 데는 많은 시간이 소요되며 한 문제를 푸는 데 1시간 이상 또는 2시간이 걸릴 수도 있다. 낮은 난이도의 문제를 통해 문제의 패턴을 익히고, 이를 통해 처음 접하는 문제라도 응용해서 풀 수 있는 역량까지 키워 놓았을 때 개인적으로 스터디를 해도 괜찮지 않을까 생각한다.

두 번째로 주 개발 언어를 만들어야 한다. 이 학생은 백엔드 개발 직무로 지원을 한 경우이며, 각자의 상황에 맞게 회사마다 쓰는 주 개발 언어를 알아두면 더 좋겠다. 23년에 많이 쓰는 개발 언어의 순위는 javascript와 java, 파이썬, 코틀린 순이었고 이 학생은 java를 주 언어로 하여 백엔드 공부를 하였다.

실제 코딩테스트에서는 주 언어로 문제를 풀어나가야 하

며, 프로젝트에서 사용하는 언어는 충분히 다른 언어를 공부하여 기술을 적용할 수 있다. 주 언어와 부수 언어를 무엇으로 할 것인지를 결정하는 것이 공부의 첫걸음으로 가장 중요하다.

세 번째는 프로젝트 경험이다. 졸업 과제인 프로젝트 이외에 학부생 때 진행한 프로젝트는 작은 규모의 토이 프로젝트나 공모전에 참여한 프로젝트가 있을 수 있다. 열심히 공부한 학생의 경우 이런 프로젝트가 3개 정도가 될 수도 있다. 하지만 보통 언급할 수 있는 경우는 한 가지 이내이며, 여기에 적용한 기술 스택들은 실무에서 바로 적용할 수 없는 경우도 많다.

해당 학생의 경우, 주된 기술 역량은 Spring과 DB이며 웹 관련 기술로 JSP/servlet, MVC, Boot를 순차적으로 공부했고, 특히 프로젝트에서 Sprint Boot를 왜 사용해야 하는지를 중점적으로 이해하는 데 공을 들였다. 독자 여러분들도 이러한 공부가 지식으로만 그치지 않고 기술 적용 과정에 발생한 장애의 해결 과정 자체를 설명할 수 있도록 준비해야 한다.

이러한 3가지 강점 역량으로 카카오 인턴에 도전할 수 있었고, 인턴 과제를 거쳐 정규직 면접까지 합격하여 22년 8월부터 정규직 사원이 되었다.

이 학생에게 준비과정에서 어려웠던 부분을 질문했을 때, 이런 답변이 돌아왔다. 겉으로 보기에는 정말 열심히 하고 최선의 결과를 위해 노력하는 학생이었지만, 심적으로는 졸업 이후의 공백기, 그리고 이로 인해 '취업이 잘 될 수 있을까?'하는 불안감으로 교육기간 내내 입사지원을 미루었다고 한다.

이때 '이를 극복하는 데 도움이 되었던 부분이 무엇이었을까?'하는 질문에 돌아온 대답은 가장 간단한 해답이었다. 스스로 고민을 안고 말하지 않고 있는 것보다 팀원과, 가족, 컨설턴트와 함께 현재 상황에서 실력을 객관적 판단하는 것이 가장 중요하다는 말이었다. 대화 이후 취업에 대한 불안감을 털어낼 수 있었고, 스스로 채용 공고에 하나씩 도전하게 되었다고! 필자와의 개인 상담에서 함께 준비한 포트폴리오, 모의 면접 답변에 대한 구체적인 피드백, 또한 인턴 이후 정규직에 합격하는 데 실제적인 도움이 되었다는 이야기까지!

여러분도 이직이나 취업에 대한 불안감으로 혼자 생각하고 고민하는 시간을 보내고 있다면 자신의 상황을 주위 사람들과 공유하거나 또는 이 책의 도움으로 마음의 고민을 하나씩 해결해 나가기를 바란다. 불안감을 극복하여 성공하기를 바라는 마음에서 서두에 이 사례를 배치한다.

특별부록

AI 추론 영역,
플랫폼 스타트업이 대세다

최고의 스타트업 알아보기!

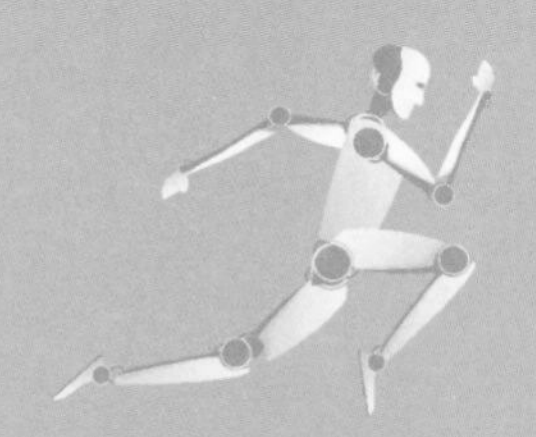

SK와 삼성전자, 스타트업 AI 기술 경쟁 어디까지 진행 중인가?

시장조사업체 〈트렌드포스〉는 "2023년과 2024년은 AI 개발에 있어 중추적인 해가 될 것이며, AI 트레이닝 칩에 대한 수요로 HBM 활용도가 높아질 것"이라는 분석을 내 놓았다.

2024년까지 시장 내 HBM 공급량이 약 105% 증가 전망이며, AI 시장의 급성장과 제조업체들의 경쟁 심화로 시장은 더욱 확대될 전망이다.

국내 대표적 기업인 SK하이닉스는 AI용 초고성능 D램 'HBM3E'의 개발에 성공하여 5세대 HBM은 속도 측면에서

FHD급 영화 230편 이상 분량의 데이터를 1초 만에 처리할 수 있는 수준까지 발전했고, 실제로 SK하이닉스는 현재 4세대 HBM인 'HBM3'를 양산하는 유일 업체로, AI 시장에서 큰 손을 자랑하는 엔비디아에도 'HBM3'를 독점 납품하고 있다.

HBM 시장 점유율은 SK하이닉스가 50%이고, 삼성전자와 마이크론이 각각 40%와 10%씩 차지하며, 올해 SK하이닉스와 삼성전자가 각각 46~49%의 점유율을 기록할 것으로 보인다.

하지만 다른 IT 기술 발전과 다르게 AI 신기술은 대기업과 네이버, 카카오가 기술력을 독점하는 방향이 아니라 AI 기술의 다각화로 특화기술을 선점한 스타트업이 함께 발전하는 양상을 보이고 있다.

다양한 산업 진출로 스타트업에 새로운 기회가 열리고 있다!

인공지능(AI) 프로세서 시장의 90% 이상을 점유하고 엔비디아에 맞서는 AI 플랫폼·프로세서 기업에서 특히 AI 추론 영역이 애플리케이션별로 세분화되고 있다.

메타는 보유하고 있는 '라마' 기술을 바탕으로 오픈AI 최신 모델인 GPT-4 수준에 해당하는 AI 모델을 개발 중이다. 구글과 마이크로소프트(MS) 역시 이와 관련한 LLM 생태계를 구축하고 있다. 국내에서도 네이버·카카오·LG AI연구원·SKT·KT 등이 LLM을, 삼성SDS, LG CNS, SK C&C 등이 기업용 AI 시장을 겨냥해 관련 제품 개발에 뛰어들고 있다.

현재 시장의 주력인 AI 프로세서는 엔비디아가 생산하고 있는 그래픽처리장치(GPU) 'A100'과 'H100'이며, 개발플랫폼 '쿠다(CUDA)'로 AI 개발 기간 단축을 위한 편의성을 제공하는 한편 다양한 프레임워크와의 호환이 가능하다.

하지만 엔비디아의 서버용 GPU의 비싼 가격은 빅테크들이 AI추론시장에서 NPU를 내놓게 되는 계기가 되었다.

AI는 일반적으로 데이터를 입력해 모델을 구축하기 위한 학습(Training) 영역과, 이를 기반으로 실질적인 서비스를 제공하는 추론(Inference) 영역으로 나뉜다. 이때 학습 영역은 엔비디아의 시장 독점 현상이 지속되고 있지만, 추론 영역은 다른 양상이 펼쳐지고 있다.

챗GPT 등장 이후 적용 가능한 애플리케이션별로 시장이 세분화되면서 국내 굴지의 스타트업이 힘을 발휘하고 있다.

이를테면 스마트 보안카메라·가전·전장용 운전자보조지원시스템(ADAS) 등은 '엣지(Edge)'와 'LLM', 'AI기반 서비스 추론 데이터센터'로 나누어지며, 최근에는 자율주행, 언어처리, 사물인식 등 특정 분야에 특화된 형태로 가지를 뻗어 나가고 있다.

구글이 개발한 텐서 프로세싱 유닛(TPU) 역시 추론용 칩 개발 중 하나이다.

AI팹리스(반도체설계전문)는 챗 GPT 이후 추론 시장이 세분화되면서 NPU(신경망처리장치/인공지능 연산에 특화된 하드웨어)에 요구되는 성능의 다변화로 기회를 맞이했다. 즉, 현재 AI 추론 시장은 특정 앱에서 성능 입증으로 선도업체가 될 수 있고, 선도에 나서려는 국내 스타트업 및 중소 팹리스의 경쟁이 치열하다.

예컨대, 퓨리오사AI, 사피온, 딥엑스, 리벨리온 등이 대표적인 업체이다. 하반기에는 한화임팩트가 지난해 꾸린 태스크포스(TF)팀 '뉴블라'가 본격적인 스타트를 끊을 것으로 예상된다.

퓨리오사 AI는 양산 출하된 1세대 NPU '워보이'의 본격적인 공급을 시작으로 내년 2세대 칩인 '레니게이드'를 양산해 글로벌 경쟁에 박차를 가한다.

레니게이드는 국내 AI 반도체 중 처음으로 HBM 메모리를 지원하며, LLM 추론 성능을 강화하였고, 사피온 역시 차세대 추론용 AI 칩 'X330'을 내년부터 양산에 돌입한다. X330은 TSMC 7㎚로 생산돼 데이터센터와 자율주행차량, 지능형CCTV 등에 맞게 개발이 되고 있다.

리벨리온은 차세대 제품 '아톰2'의 개발을 마무리 단계에 돌입하여 KT클라우드에 특화된 형태로 금융, 관제, 의료 등 다양한 용도로 사용될 것으로 보인다.

국내AI, 통신사와 결합한 AI스타트업으로 뜨겁게 발전한다!

이미지 생성형 AI '칼로'를 선보여 기술력을 입증한 카카오의 '코지피티 2.0'과 네이버의 생성형 AI 검색 'Cue(큐):' 베타 등 '하이퍼클로바X' 기반의 다양한 인공지능 서비스에 따른 AI 골드러시로 사업이 다각화되고 있다.

그 중 통신계의 움직임이 뜨겁다. 먼저 KT의 '믿음'은 '협업 융합 지능'으로 AI 전문 상담과 AI 감성 케어 등 AI 반도체와 클라우드 등 인프라부터 고객이 사용하는 AI 응용 서비스까지 전 과정을 아우르는 통합 상품인 'AI 풀스택(Full Stack)' 전략을 사용한다.

스타트업인 AI 반도체 설계 회사인 '리벨리온', AI 인프라 솔루션 회사 '모레', 생성형 AI 스타트업인 '업스테이지'와 교육 특화 스타트업 '콴다' 등도 개방형 AI 생태계를 조성해 나가고 있다.

또한 한국어 초거대 인공지능 언어모델 Open(오픈)Ko-LLM리더보드에서 1위를 달성한 '포티투마루'에도 KT클라우드에서 인프라 지원을 하며 AI스타트업의 기술을 빠르게 흡수하고 있다.

SK텔레콤 또한 AI 인프라, 모바일과 브로드밴드 등 핵심 비즈니스 전반에 AI를 접목하며 모빌리티, 헬스케어, 미디어 등 인접 영역까지 AI 역량을 확장하는 'AIX', 한국어 LLM(거대언어모델) 에이닷 정식 출시 등 'AI 서비스'로 다양성을 확보하는 양상이다.

AI 에이닷은 통화 요약과 일정 등록, 주소 공유, 통화 중 실시간 통역, 수면 관리 등 일상생활 맞춤형 AI 개인비서 서비스로 앤트로픽과 오픈 AI, 코난테크놀로지 등 스타트업의 기술력과 함께 빠르게 성장하고 있다.

두 통신사는 서로 집중하는 영역에서 KT는 국내 서비스,

SK텔레콤은 글로벌 AI 서비스 개발에 중점을 찍고 있으며, 특히 SK텔레콤은 도이치텔레콤, 싱텔 등과 결성한 '글로벌 텔코 AI 얼라이언스'를 바탕으로 45개국 약 12억 명을 포괄할 수 있는 인공지능 개인비서 서비스로 확장전략을 보여준다.

```
<!DOCTYPE html>
<html lang="en">
<head>
  <title>My perfect website</title>
  <meta charset="utf-8" />

  <link rel="preconnect" href="//s3.mysite.com" />
      <link rel="preconnect" href="//www.mysite.com" />

  <meta name="viewport" content="width=640, initial-scale=1">

            <script>
            var mytag = mytag || {};
            mytag.cmd = mytag.cmd || [];
            (function() {
                  var gads = document.createElement('script');
                  gads.async = true;
                  gads.type = 'text/script';
                  var useSSL = 'https:' == document.location.protocol;
                  gads.src = (useSSL ? 'https:' : 'http:') + '//www.mytagservices.com/ta
                  var node = document.getElementsByTagName('script')[0];
                  node.parentNode.insertBefore(gads, node);
            })();
            mytag.cmd.push(function() {
                                          var homepageSquarySizeMapping = mytag.
                        addSize([945, 250], [200, 200]).
                        addSize([0, 0], [300, 250]).
                        build();
                  mytag.defineSlot('/1023782/homepageDynamicSquare', [[300, 250],
```

</ 2장 >

IT플랫폼 기업 특징 및 대기업 취업 전략

IT플랫폼 · IT서비스 계열 : 전공자 · 비전공자별 취업전략

전공, 비전공 구분 없이 합격생이 가장 많고, 예비개발자들이 1순위로 뽑는 기업은 독자적인 서비스를 사용하고 있는 IT서비스기업이다.

부동산 중개업체 직방과 마켓컬리를 운영하는 컬리, 가상화폐 거래소인 업비트의 운영사 두나무, 빗썸의 운영사 빗썸코리아, 중고거래 플랫폼 당근마켓과 리디북스 운영사 리디가 유니콘이며 대표적인 IT서비스 기업이다.

특히 IT서비스기업은 산업에 대한 전반적인 이해가 필수이며 국내외 스타트업(유니콘)의 생리를 알고 기술 트렌트와 방향성을 읽어낼 수 있어야 한다. 그래서 후술할 안드로이드 직무 및 합격사례에서 기술적 방향을 짚어 줄 생각이며, 여기서는 23년도 IT플랫폼의 방향성을 통해 미래 IT서비스의 감을 잡길 바란다.

현재 국내외 기술 기업들이 플랫폼을 기반으로 모빌리티, 유통, 소비재, 금융, 헬스케어 등의 분야에서 디지털 플랫폼 산업으로 영역을 확장했다. 또 위치기반 서비스를 활용한 배달앱인 '배달의 민족'은 지역 골목상권을 디지털화했으며, SNS를 통한 공유경제 시스템은 '우버 택시(Uber Taxi)'와 '에어비앤비(Airbnb)'가 대표적인 예가 되었다.

대다수의 플랫폼은 독점적 콘텐츠로 이용자를 모아 생태계를 조성한 후 수익을 낼 수 있는 구독 모델 비즈니스를 채택하고 있다. 이용자를 모으는 락인효과(Lock-in) 효과와 함께 향후 디지털 플랫폼의 합종연횡(여러 기술기업이 뒤섞임)으로 수익구조를 형성하는 그림이다.

이번 해 가트너에서는 2023년 10대 전략 기술로 디지털 면역 시스템, 적응형 AI, 슈퍼앱, 메타버스, 관찰가능성 응용, AI 신뢰와 리스크 및 보안 관리, 산업 클라우드 플랫폼, 플랫폼 엔지니어링, 무선의 가치 실현, 지속가능성을 제시하였다.

이중 슈퍼앱, 산업 클라우드 플랫폼, 플랫폼 엔지니어링은 IT서비스 산업의 화두이며, 특히 슈퍼앱은 앱, 플랫폼, 생태계를 합친 것으로, 제3자가 미니앱을 자체 개발하고 게시할 수 있는 형태로까지 발전하였다.

또한 23년부터 은행과 보험사 등 금융회사가 정보기술(IT), 부동산, 음식배달업 등 비금융회사를 사실상 소유할 수 있는 길이 열리면서 산업 간 경계가 허물어지는 '빅 블러(Big Blur)' 시대로 경쟁이 더욱 심화되었다. 그 경쟁의 중심축에 23년 중기부가 선정한 IT서비스 기업 9개(유니콘)가 있다.

플랫폼은 소셜 미디어, 뉴스, 콘텐츠, 거래, 음악, 예술 작품을 거래하는 아트 플랫폼, 학교나 강의 플랫폼과 대형 유

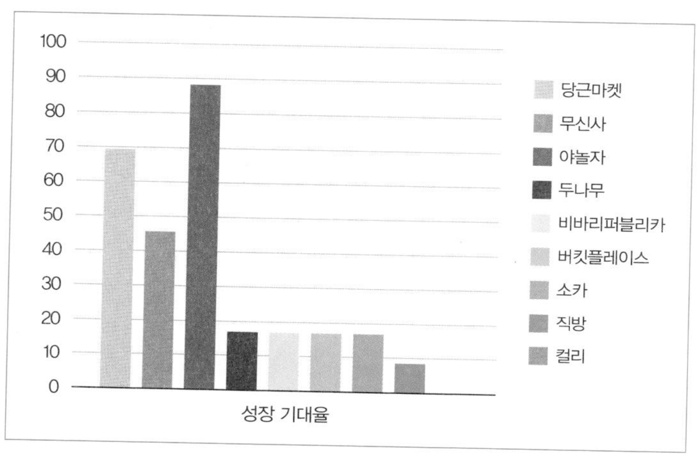

통망이나 유명 브랜드 쇼핑몰도 인터넷상에서 모두 플랫폼을 기반으로 비즈니스를 한다.

그러면 플랫폼 기업들이 짧은 기간 동안 급성장한 이유는 무엇일까? 플랫폼의 가장 큰 장점은 표준화된 기능을 누구에게나 제공하여 플랫폼에 가입하면 추가 유통이나 마케팅 비용 없이 전국, 전 세계 고객을 대상으로 상품을 판매할 수 있는 기회를 얻고 정보 매칭과 큐레이션 기능을 통해 고객에게 편리함을 줄 수 있다는 점이다.

아마존, 애플, 마이크로소프트, 네이버처럼 여러 플랫폼 중 하나를 무료 플랫폼으로 제공해 이용자를 확보하고, 이용자들이 간단한 방식으로 다른 서비스 플랫폼들을 이용할 수 있도록 통합한다.

카카오와 배달의민족도 MAU(Monthly Active User)로 대변되는 외연을 확장하면서 투자유치를 받아 사업 규모를 확대했고, 스타트업(유니콘)도 이러한 모범 사례를 토대로 급격히 성장해 왔다.

선 트래픽 확보 후 이윤 창출 전략을 가장 충실하게 수행했던 분야가 커머스 카테고리라 할 수 있고, 두드러진 카테고리들은 콘텐츠/예술, 블록체인/DeepTech, 제조/하드웨어, 교육 카테고리이며, 콘텐츠/예술과 교육 카테고리의 독창성이 두드러진다.

2022년 3분기 실적발표에서 8년 만에 영업흑자를 달성한 쿠팡은 '로켓배송'이라는 강력한 편의성을 기반으로 성장했고, 네이버풀필먼트연합(NFA)은 2022년 4월부터 '내일도착'

배송필터 기능을 적용하여 디지털상공인들에게 NFA로 판매량 증가 및 물류비 절감 효과를 기대하고 있다.

그 중, 가장 성장세를 보여준 '직방'과 '오늘의 집' 서비스 및 수익모델을 살펴보고 IT서비스 기업의 성장 노하우와 향후 비전을 읽어 나가길 바란다.

프롭테크는 부동산(property)과 기술(technology)의 합성어로, 부동산 데이터를 이용해 사업을 하는 기업을 말한다. 그 중 2조5000억 원 기업가치의 유니콘 기업인 '직방'은 모바일 부동산 플랫폼의 선두로 부동산 분야 유명 인플루언서와 배우 등과 함께 다양한 콜라보레이션(Collaboration) 콘텐츠 제작을 통해 소비자와 소통하고, 빅데이터랩 등 전문적인 부동산 콘텐츠(Contents)를 제작해 브랜드 신뢰도를 강화해 왔다.

또 유튜브 채널 '직방TV'를 통해 '신사임당', '부동산 읽어주는 남자' 등 부동산 분야 유튜버들을 섭외해 아파트 콘텐츠를 전문적으로 다루면서 원룸에서 아파트까지 카테고리를 넓히는 전략을 성공시켰다. 특히 '구해줘 홈즈'와의 협업으로 비대면 중개 서비스와 3D 단지 투어 기능으로 저관여 고객에게 브랜드 이미지를 쉽게 알리고 있다.

최근에는 삼성SDS 홈 IoT 사업 부문을 인수하며 주거 종합 플랫폼으로서 사업 포트폴리오를 넓히려는 노력을 꾸준히 하고 있다.

또 반대 예로 '오늘의 집'은 코로나로 급격한 성장을 해 오면서 유니콘 기업이 되었지만, 마켓컬리와 함께 벤처캐피탈로부터 투자를 받지 못해 강점과 약점을 고루 보여주고 있다.

'오늘의 집'은 경쟁사들과 비교해 압도적으로 많은 사용자 수와 거래액 규모를 가지고 있었다. 지난해 8월 기준 월간 사용자 수(MAU)가 540만 명으로 국내 전문몰 중 최대 규모로 평가되었고, 거래액도 누적 거래액이 2조 원을 돌파했다

독보적인 1등 인테리어 플랫폼으로, 특히 '내 집 인테리어'와 '너 집 인테리어'를 돌아볼 수 있는 일종의 온라인 집들이 기능으로 사적 정보를 제공하여 중독성을 지닌 커뮤니티로 발전하였다.

여기에 온라인 이케아 기능으로 더 많은 인테리어 사진과

진짜 사는 모습을 보여 주었고, 이케아와 달리 판매상들이 가구를 각각 보관하여 압축 포장할 필요 없이 완제품인 가구를 배달하여 편의성을 갖추었다.

토스가 금융소비자의 모든 문제를 해결해 주는 금융의 슈퍼앱이라면, 오늘의 집은 홈퍼니싱과 인테리어의 문제를 해결해 주는 라이프스타일 슈퍼앱으로, 집수리 스타트업인 '집다'를 인수하고 최근 이사 관련 서비스까지 런칭하였다.

현재는 인테리어 가구 전용 물류 시스템을 확립해서 익일 배송을 안정시키는 게 목표이며, 오늘의 집, 쿠팡, 컬리는 아마존 이후의 후발 주자인 만큼 좀 더 어려운 제품을 배송하는 문제를 안고 있다.

또한 버킷플레이스(오늘의 집)는 무신사나 쿠팡, 컬리처럼 누적된 적자를 해소해야하는 처지에 놓여 있다. 거래액 대비 매출액이 적다는 오픈 마켓 비즈니스 모델의 약점으로 인해 네이버가 오늘의 집(버킷플레이스) 등 스타트업 주식을 시장에 내놓은 지 수개월이 지났지만 아직 투자금을 회수하지 못하고 있는 상태이다.

IT플랫폼 기업은 이처럼 빠르게 수익구조를 만들어 맞춤 서비스로 고객에게 다가가고 있지만, 악화된 경기흐름과 투자위축 현상을 같이 맞이하게 되면 언제 기업가치가 추락할지 모르는 어려움을 동시에 안고 있다.

변해 가는 서비스 트렌드를 신속히 읽어 내며, 빠르게 실패하고 다시 도전하는 스타트업(유니콘)의 생리가 본인에게 맞는지 숙고해 보길 바란다. 아울러 우리가 매일 사용하는 네이버와 카카오도 이러한 스타트업의 과정을 거쳐 현재의 기업이 된 점을 인지하고 한번 도전해 보기를 독자들에게 권한다.

2023년 네이버 백엔드 직무 도전 전략 (합격 사례)

좋은 개발환경과 같은 회사를 준비하는 학생들이 함께 준비했기 때문에 전자공학과이지만 단기간에 성장하여 네이버에 합격한 예비개발자이다.

준비하는 학생들 대다수가 네이버에 지원하는 학생들이었고, 그 과정에서 원하는 기업에 맞게 준비를 차근차근하면서 한 번에 합격하는 기적같은 일이 일어났다.

스터디원 중 네이버에 최종면접까지 간 학생이 있었고 알고리즘 공부를 하면서 더 좋은 코드를 위해 고민하는 습관이 코딩에서 기초와 심화를 다진 개발자로 토대를 마련하는데 자양분이 되었다.

이처럼 주위 스터디를 구성할 때에도 같은 방향으로 준비하는 구성원이면 더욱 좋고 개발에 진심인 친구들이 모여 더 좋은 코드를 위해 리뷰하는 습관을 꼭 가지길 추천한다.

그러면 IT플랫폼 기업하면 대표적인 네이버가 중요하게 생각하는 3가지가 무엇인지 살펴보자

우선은 기본에 충실한 공부로 선택과 집중을 잘하는 것이 합격의 필수비결이겠지만, 학생들과 상담을 하면서 지금도 가장 중요하게 생각하는 것 3가지가 있다면, **첫 번째는 알고리즘 능력, 두 번째로 cs지식에 대한 깊은 이해, 세 번째 프로젝트 경험**이다.

이러한 기본 3가지에 충실하기 위해서는 타고난 성실함과 노력이 수반되어야 하며, 여러분이 이러한 점에서 자신이 있다면 비전공자라도 네이버에 도전할 수 있다. 기본 지원 조건에서 전공 외 입사 지원이 가능한 기업이 바로 네이버이기 때문이다.

그러면 합격한 학생의 이야기를 들어보면서 자신의 공부 방향과 원하는 기업에 대비한 준비를 해 나가길 바란다.

Q 1. 프로젝트나 공부를 하면서 어떠한 생각으로 임하였습니까?

주어진 것만하는 것이 아니라 개발에 꾸준한 관심을 가지며 지금 상황에서 더 좋은 방법을 시도하기 위해 고민하였고, 첫 면접이지만 주변의 도움과 친구들, 컨설턴트님의 도움으로 합격할 수 있었습니다.

Q 2. 가장 생각나는 면접질문이 있다면 무엇인지?

프로젝트에서 사용한 기술들의 단점을 위주로 어떤 단점이 있는지 알고 있는지? 아니면 다른 기술과의 비교/Maria DB와 PostgreSQL 장단점 위주로 비교

Q 3. 면접이 처음인데 어떤 부분을 가장 중요하게 생각했는지?

CS지식과 프로젝트에서 사용한 기술에 대해 다양한 방식으로 고민해 보는 것이 중요하다고 생각합니다.

Q 4. 스스로 생각했을 때 어떠한 부분이 실력향상에 도움이 되었

나요?

같은 회사를 준비하는 친구들과 프로젝트를 같이 하면서 실제 고민해 보는 과정이 제일 도움이 되었습니다.

Q 5. 이 회사에 도전하기 위해서는 코테 시험 난이도는 어느 정도로 준비하면 좋을지?

코테 : 실버1문제, 골드 상위1문제/하위1문제 정도이므로 이에 대비해 준비하기를 추천합니다.

Q 6. 면접 필살기가 있다면 무엇인지?

비전공자라면 전공자만큼 잘할 수 있다는 어필포인트가 필요합니다. 채용 프로세스 각 과정에서 중요하게 생각해야 하는 부분이 있다면 무엇이 있을지? 프로젝트에서 하는 내용에서 깊은 부분까지 면접 질문이 들어오니 깊이 있는 고민이 중요함.

Q 7. 주요 사용한 기술스택

분산처리, 카프카로 이벤트 분리해서 알림 보냄, 테스트 코드 작성하고 코드리뷰 주도적으로 함, 오픈비듀, 전체적

인 배포와 ci/cd담당, 몽도디비, 카프카 젠킨스 도커 위에서 배포

Q 8. 컨설턴트가 취업을 준비하는 학생들에게 하고 싶은 말

이 학생은 서류통과와 코딩시험을 보고 면접을 보기까지 절대적으로 시간이 부족하였다. 한번 해 보자는 마인드로 끝까지 최선을 다해 합격의 선물을 받을 수 있었다. 기존에 예비개발자들을 상담하면서 내가 가지고 있는 상식을 깨준 특별한 학생으로 더 기억에 남는다.

한 번 도전해 보는 것이 얼마나 중요한 지, 안될 수도 있다는 작은 의심과 선입견을 가진 나를 부끄럽게 만든 한 학생으로 나에게도 배움을 같이 주었다.

여러분도 시도는 언제나 해 볼 수 있으나 끝까지 최선을 다하려는 노력을 하고 있는지 한번 생각해 보길 바란다!

스타트업 기업 취업
무엇을 다르게 준비해야 하나?

스타트업도 종류가 많아 여기서는 여러분들이 잘 알만한 유니콘 기업 중심으로 설명하였고, 또한 경력 기준보다는 채용형 인턴이나 신입으로 지원할만한 예시를 통해 스타트업의 특징을 파악하길 바란다.

토스의 2022년 'TOSS NEXT DEVELOPER CHALLENGE'는 신입개발자와 비전공자를 위해 마련한 챌린지로, 경력과 상관없이 도전해 볼 수 있도록 운영 중인 개발자 채용 전형이다. 이 전형을 예시로 들면서 스타트업에서 요구하는 인재상과 준비해야 하는 기술적인 부분, 개발문화에 대해서 알아보자.

토스를 예로 든 이유는 금융업계에서 우리가 잘 아는 국민, 신한, 카카오뱅크를 제치고 가장 많이 사용하는 앱으로 1위를 차지했으며, 실사용 소비자(MAU)에서도 짧은 기간 안에 대표적으로 우위를 점하고 있기 때문이다. 이번 전형에 도전하기 위해 필요한 기술 스택은 비전공자들도 쉽게 시작할 수 있는 Python, Django MTV, Django REST Framework, Redis, Celery, Docker이다.

'이게 쉽다고?'라는 생각이 들지 모르겠지만, 웹 어플리케이션 개발의 첫걸음을 디딜 때 접할 수 있는 기술이며, 여기에서 더 나아간다면 스프링이나 자바까지 하나씩 기술 영역을 넓혀 나간다고 생각하면 된다. 특히 스타트업은 기술적인 부분이 첫 번째이며, 두 번째로 컬처핏이라 하여 우리 회사에 맞는 개발 성향을 지닌 사람을 선호한다.

기술영역에서 토스는 반복적으로 발생하는 문제 해결을

위해 자동화하거나 기존과 다른 방식으로 문제를 해결할 줄 아는 개발자를 찾는다. 또한 실제로 개발 코드 난이도나 복잡도 높은 프로그램을 구현해 보면서 최근 신기술에 대한 깊이 있는 학습 경험을 지닌 개발자면 더욱 좋다.

두 번째로 스타트업에 맞는 컬처핏이란 실제 업무에서 빠른 개발 주기를 토대로 하여 새로운 기술을 앱에 적용해 보고, 동료들과 편의성을 같이 이야기 나눌 수 있는 협업 능력이 뛰어난 사람을 이야기한다.

그렇다면 예비개발자들이 실제로 제일 궁금해 하는 금융지식을 개발자들이 어느 정도 갖추고 있어야 할까? 사실 이 걱정은 접어두고 시작해도 좋을 것 같다. 이유는 토스의 경우 개발을 하면서 요구되는 지식을 자연스럽게 배울 수 있는 환경이며, 스타트업뿐만 아니라 일반 은행에서도 이 부분에 대해서는 교육을 통해 충분히 익힐 수 있기 때문이다.

금융지식은 단시간에 습득하기 어려운 부분이 있기 때문에 채용을 준비하면서는 기업에 대해서 충분히 알고 금융앱에 대한 장단점과 금융 트렌트에 대한 기사를 통해 본인의 생각을 잘 정리할 수 있다면 충분히 입사 의지를 보여 줄 수 있다.

그러면 어떤 준비를 더 하면 좋을까? 요즘 개발자는 만들어진 시스템을 관리하는 차원이 아니라 기본 서비스에서 나아가 새로운 기술을 어떻게 적용해 볼 수 있는지가 중요하다. 예를 들어 토스앱을 개선한다면 유저에게 좋은 매매 경험과 처음 주식을 하는 개발자도 증권을 쉽게 이해할 수 있는 UX 시각적 요소를 같이 고려하여 개선방안을 제시할 수 있으면 좋다. 즉, 주식을 매매하는 시간을 줄여주는 기능을 추가하거나 고객별로 쉽게 접근하는 방법을 프로젝트 개발에서 실제로 해보기를 추천한다. (실제로 PT면접이나 면접에서 나오는 질문들이므로 꼭 기억해 두어야 한다.)

이번에는 '야놀자'의 채용형 인턴을 통해 준비사항과 본인의 개발 방향을 점검해 보자

요즘 IT회사는 기능별로 앱을 개발하는 것이 아니라 슈퍼앱을 통해 고객들이 하나의 앱에서 모든 서비스를 경험하도

록 한다. '야놀자'와 '여기어때'가 여행앱으로 대표적이며, 마켓컬리 또한 로켓배송인 식자재를 비롯하여 반려동물이나 가전제품, 여행과 관련된 서비스도 통합하여 소비자들이 다른 앱으로 빠져 나가지 않도록 공격적인 전략으로 앱을 만들어 제공하고 있다.

그중 여행 카테고리 1위인 '야놀자'의 채용 연계형 인턴은 최소 3년이라는 개발 이력을 요구하지 않으며, 부트 캠프 졸업 예정 개발자이거나 SW엔지니어로서 성장에 대한 관심과 열의를 지니고 있다면 누구나 지원이 가능하다. 특히 자바나 파이썬 등 특정 언어를 정해 놓지 않아, 프로그램 언어에 구애 받지 않고 개발이 가능하다면 누구나 도전할 수 있는 길을 열어 놓고 있다. (참고로 부트 캠프는 대체로 프로젝트 단위로 개발을 하면서 현업 툴을 사용하므로 실무에 바로 투입할 수 있는 교육환경이다.)

그럼 전공이 아니어도 상관없을까? 전산, 컴퓨터, 소프트웨어과를 나온 개발자를 선호하기는 하나, 이는 하나의 우대 사항에 해당이 되므로 훈련기관에서 교육과정을 이수한 비전공자도 개발 능력만 가지고 있다면 충분히 지원할 수 있다.

지원전형에서도 자기소개서를 특별히 요구하지 않으며, 본인의 이력을 알 수 있는 이력서와 지금까지 꾸준히 개발 공부를 한 Github 링크와 포트폴리오, 블로그, 노션만 있다면 도전할 수 있다. (이 모든 것을 사용해야 하는 것은 아니며 이 중 Github를 기본으로 하여 한 가지만 추가해도 좋다) 양식은 대기업처럼 정형화되어 있지 않아 자유롭게 디자인과 내용을 구성하여 본인의 강점을 더 어필하면 된다.

그러면 제한 사항은 없을까? 누구나 코딩테스트를 볼 수 있는 기회를 제공하지만 다른 대기업과 다른 점은 한 번 지원을 했다면 6개월이나 1년 이후에 다시 재도전이 가능하도록 제한을 두고 있다는 점이다. 이는 어떤 부분이 성장했는지를 중점으로 보겠다는 의미이며, 역량이 높아졌음을 증명해야만 재도전이 가능하다는 뜻이다. 철저히 역량 중심 평가이다.

이후에 코딩테스트를 통과했다면 그 다음이 더 중요하다. 제출한 포트폴리오와 코딩테스트 결과를 같이 보면서 면접을 진행하며, 코드 리뷰를 통해 개발자의 역량을 한 시간 가량 평가한다. (이후 사례 챕터에서 어떠한 부분을 중점으로 물어보았는지 언급해 두었다.)

그러면 개발자를 준비하는 여러분이 이러한 스타트업에 가기 위해서는 어떠한 준비가 더 필요할까?

첫 번째로, 지원하는 기업의 앱과 유사한 기능 개발을 한 경험이 있어야 한다. 특히 '야놀자'나 '여기어때', '마켓컬리'는 각 기업만의 차별화된 상품 정보를 제공하는데, 앱을 만들 때 가격비교 기능을 추가하거나 기업들이 투자하고 있는 해외 여행지를 고려한 해외가격 비교 서비스를 만든다면 더욱 본인만의 강점이 될 것이다. 이후에 개발 앱을 서비스화하여 지속적으로 소비자를 위한 기능 개선으로 고도화 작업을 한다면 차별 역량을 하나 더 갖출 수 있다.

두 번째로, 데이터 분석능력이 있으면 좋겠다. 지금은 제대로 된 데이터를 활용할 줄 아는 개발자를 원하므로 데이터 파이프라인을 구축한 프로젝트 경험을 갖추기를 추천한다. 이후에 데이터 파이프라인을 개선하는 업무를 맡게 되는 백엔드 개발자라면 이러한 역량까지 확보하는 게 더욱 강점이 될 것이다.

세 번째로, CS 기본지식을 탄탄하게 갖추고 있어야 한다. 본인이 사용한 기술 스택뿐만 아니라 CS지식에 대한 점검 과정을 통과해야 하므로 본인이 알고 있는 지식만이 아니라 새로운 방법에 대한 공부와 비교를 통해 역량을 지속적으로 키워 나가는 개발자임을 보여주어야 한다.

실제로 신입 채용 공고를 스타트업에서 찾아보기 어렵겠지만, 대기업이라면 주니어 개발자가 할 수 있는 부분이 더욱 제한적일 수 있다. 스타트업에서는 주니어 개발자에게도 여러분이 할 수 있다는 가능성을 증명한다면 주요 개발 기회를 얼마든지 잡을 수 있다는 점을 인지하고 자신을 증명할 기회를 스스로 만들어 나가길 바란다.

인문계열 전공은 삼성SW 직무에 못 가는 건가요?

삼성전자 SCSA과정? SCSA란?

'Samsung Convergence S/W Academy'의 약어로, SW 비전공자를 선발하여 약 6개월 간 교육과정을 이수한 후 SW 업무로 입사하는 과정(직군)이다.

6개월 교육 기간도 경력으로 인정되며, 입사 시 3급 신입사원과 동일한 처우 기준을 받을 수 있다. 시험이 있다고는 하나, 과정을 잘 수료한다면 거의 (지금까지 비전환자는 없었다고 함) 입사의 기회가 있다.

모집 전공은 인문계와 자연계로 구분할 수 있으며, 상경,

어문, 인문, 사회, 법정, 예체능과 물리, 수학, 화학 생물, 지구과학까지 다양하다.

그러면 갑자기 SW 관련 관심을 어떻게 드러내면 좋을까? 이미 졸업을 했는데 어떻게 관련 지식과 경험을 마련할까?

생각보다 방법은 간단하다. 삼성에서 연계하는 부트 캠프 과정을 거치거나 다양한 훈련기관에서 언어와 기술 스택, 프로젝트 경험을 해 오면서 꾸준히 역량을 키워 왔음을 어필하면 된다. IT교육을 수강하거나 관련 능력이 있음을 증명할 만한 자격증이나 관심도를 보여주는 증빙자료가 있다면 더욱 좋다. 간단하게 본인이 공부한 내용을 블로그나 깃에 지속적으로 올리는 것도 도움이 되며 CS스터디나 정보처리기사 등을 통해 SW기반 지식을 보여줘야 한다.

특히 삼성은 기본지식을 제대로 갖춘 인재를 원하므로 본인이 따로 공부한 언어와 다른 언어에 대한 차별점을 알고 있어야 하며, 현재 SW개발 트렌드를 잘 읽어야 한다. 특히 통합 인재를 선발하는 만큼 기존 전공이 SW개발에 어떻게 융합될 수 있을지를 증명할 필요가 있다.

이번 22년 하반기에 도전했던 비전공자 학생의 예를 들어 설명하자면, 전공, 비전공 상관없이 해당 학부과정에서 얼마나 성실히 본인의 역량을 키워 왔는지가 중요했다.

당연하게 들리겠지만 삼성은 성적이 우수한 인재를 뽑고 싶어 한다. 학부 생활도 단체 생활이며, 이 과정에서 성실하고 꾸준히 할 수 있는 학생이었다면 이 부분을 높이 평가받을 수 있다.

또한 자신만의 차별성을 드러낼 수 있는 국내외 대외활동 등 본인만의 장점을 어필해야 한다. 실제 학점은 4.0점대가 많은 편이며 4.5 만점에 4.4 이상인 친구들도 제법 있다.

그러면 3.0점은 안 되는가? 그건 아니다. 3점 후반대의 성적이거나 강점을 드러내 보일 수 있는 이유가 있다면 가능성이 있다. 실제 3.2점이나 3.0인 학생도 통과한 사례가 있으니 창의적인 사고와 직무에 대한 관심도를 보인다면 한번 도전해 볼 만하다. 단, 인적성 시험에 통과해야 하며 이후 창의적인 사고력을 증명해야 한다. 직무적인 시험도 있지만 PT 사전 과제를 통해 융합형 인재인 자신만의 사례를 트렌드에 맞는 SW기술로 간략히 표현하는 역량이 필요하다.

PT주제를 간략히 설명하자면, 자기소개파트, 비전공에서 발휘할 수 있는 강점과 이를 SW개발 부분에서 어떻게 연관시켜 발휘할 수 있는지, 본인만의 창의적인 사고력을 바탕으로 상품화가 가능한 아이디어를 담은 PT자료가 준비되어야 한다.

사전 과제로 PT주제를 제출하며, 이후 면접에서 이를 발표한 후 추가 질문을 받는 식으로 진행이 된다. 직무와 인성면접이 병행된다.

본인의 현재 수준을 점검해 보면서 학점, 융합인재임을 증명하는 대외활동, 창의성을 발휘한 경험, IT에 대한 지속적인 관심이 있었다면 지원해 보길 바란다.

누구나 가고 싶은 삼성 SW 개발직무

삼성전자 DS - System LSI사업부 SW 개발, 삼성SDI SW 개발, 삼성SDS

삼성전자에는 많은 사업 부서가 있고 직무기술서 또한 상세하게 기술되어 있다. 필요한 지식이나 요구 조건을 꼼꼼히 볼 필요도 있고 현재의 경기와 기술 전망, 부서가 하는 일에 대해서 알아보지 않고는 자기소개서를 작성할 수 없다.

게다가 인성적인 부분까지 고려하여 기술하는 항목이 있어 다른 어느 기업보다 준비가 더 필요하다. 그래서 대다수가 부서 선택부터 고민을 하고 찾아오는 경우가 많고, 심지어 어떻게 구분되는지도 잘 모르는 경우조차 있다.

따라서 이번에는 삼성전자 DS-System LSI사업부 SW개발, 삼성SDI SW개발, 삼성SDS에 대해서 이야기하고, 어떤 준비를 하면 좋을지 알아보도록 하자.

특히 삼성 계열을 선택한 이유는, 누구나 한 번쯤 가보고 싶은 기업이며 전자공학을 나온 학생들이 학부생 때부터 IT나 SW에 관심은 있으나 어느 수준까지 전공과 결합시켜야 하는지 가이드를 잡기 어려워하는 부분이기에 이 기업들을 선택하였다. 아울러 팁으로 자기소개서의 특성도 덧붙일 테니 참고하면 좋겠다.

삼성SDI SW개발

첫 번째로 삼성SDI SW개발에 대해서 먼저 살펴보자.

우선 현재 어디에 관심을 가지고 있고 향후 전망을 어떻게 바라보고 있는지, 회사의 이전 분기 사업 성과와 23년 상·하반기 전망을 살펴보며 여러분이 선택하고 싶은 기업을 스스로 결정하길 바란다.

삼성 SDI의 향후 전망을 두 가지로 요약해서 본다면,

첫 번째로 완성차 업체들의 전동화 전략 가속화와 공급망 이슈 완화로 전기차 생산이 확대될 것이다. 그리고 올해 P5 배터리를 중심으로 프리미엄 제품 판매 비중을 높여 높은 성장세를 이어 나갈 것으로 전망된다.

두 번째로 시장별, 용도별 특성에 맞는 고용량, 고출력 신제품을 1분기부터 출시하여 제품 경쟁력을 강화할 계획이었다.

IT용 소형 전지의 경우 폴더블폰 확대로 플래그십용 수요는 증가할 전망이며, 신제품의 적기 진입으로 판매 확대를 추진하고 있다. 즉, 삼성SDI는 고부가가치 제품 공급을 확대하고 고기능성 신제품을 적기에 공급해 수익성을 유지할 계획이다.

우리가 잘 아는 삼성SDI는 비메모리반도체(시스템반도체)에 집중 투자하고 있는데, 메모리 반도체가 인간의 두뇌 중 기억을 담당한다면 시스템 반도체는 기억을 제외한 나머지 영역을 담당한다. 특히 시스템 반도체는 설계 인력과 더불

어 설계 툴, 검증 툴, 설계 자산의 확보 및 관리가 매우 중요하며, 그로 인해 임베디드 SW엔지니어가 꼭 필요하다.

그러면 삼성 SDI SW개발에 지원하기 위해서 어떠한 준비가 되어 있어야 할까?

첫 번째로, 탄탄한 전공 지식에 대한 이해가 필수이다. 직무기술서에 대한 이야기를 뒤로 미루는 이유는, 전공에 대한 지식이 있는 사람이라면 지원해도 좋다는 이야기다.

그러면 어느 정도까지 알고 있으면 좋을까?

기본적인 전자회로, 신호 및 시스템에 대한 H/W 이해가 기반이 되어야 하며, 전기전자분야에 대한 지식을 토대로 전문성을 검증 받아야 한다. 삼성SDI는 배터리 및 전자재료 SW와 스마트팩토리 시스템 전반을 다루는 만큼 자동화시스템이나 MES, 디지털 트윈 기술에 대한 이해가 필요하다.

따라서 스마트팩토링 대한 기본 개념을 학습해야 하며 관련 경험이 없다면 한국생산성본부의 교육을 이수하여 지식을 쌓아야 한다. 꼭 전기전자학과가 아니고 전자통신이나 다른 학과도 지원할 수 있으며, 자동화프로그램에 대한 이해를 하고 RPA 등 업무자동화프로그램의 원리를 숙지하며 실제로 자동화 프로그램을 만들어 본 경험이 있으면 더욱 좋다.

학부생 수준이나 연구생이라면 무인운반시스템을 연구 주제로 하여 프로젝트를 해 보기를 추천한다. 또한 배터리 안정성 강화로 ESS 운영 정보를 원격으로 모니터링하고 있으므로 통신 이론에 대해서도 공부하면 좋겠다. 여기에 IT 역량으로 알고리즘이나 DB, 웹 프로그래밍 능력을 갖추었다면 금상첨화다.

두 번째로, 삼성전자의 DS 부분-시스템LSI사업부에 우선 지원하려면 IOT나 딥러닝, 자율주행 등에 전문적으로 관심을 갖고 도전해 본 이력이 있으면 좋겠다.

그중 자동화, 인공지능, IoT, Cloud, Multimedia, 보안 S/W 등 여러 부분에서 본인이 학부생 때부터 AI를 기반으로 음성, 자연어처리, 이미지, 영상 처리를 해 본 경험이 있다면 이 직무를 추천한다.

시뮬레이션을 이용한 카메라나 자율주행 IOT기기 제어 경험을 연구실에서 해 보길 바라며, 카메라 통신이나 딥러닝 공부를 통해 객체 인식 기법 연구까지 해 보면 좋다.

우분투 기반 리눅스 운영체제 활용 경험과 임베디스 시스템을 직접 구현하면서 이해도를 높여야 하며, 자율주행 및 IOT 프로젝트 경험이 있는 학생들이 실제로 좋은 결과를 가져 왔다.

한 가지 더 추가하자면, 하드웨어 직무를 선호하는 학생일 경우 생산기술소의 회로개발 직무를 추천한다. 로봇관련 전공 학과를 졸업했거나 관련 제어시스템 설계 및 신호 및 시스템 H/W에 대한 이해 및 칼만 필터나 전동화 차량 구동 관련 개발을 해 온 학생은 회로개발 직무에 도전해 봐도 좋을 듯하다.

이를 위해 관련 학점 관리를 잘해 두어야 하며 제어시스템 설계 과목이나 자동제어 이론 공부 등 직무기술서 내용에서 본인의 강점 역량을 정리하여 기술하길 바란다.

마지막으로 삼성 SDS는 기업의 ITO(IT Outsourcing)를 담

당하고 BPO 사업으로 삼성전자 및 제조 관계사의 글로벌 물류 통합시스템을 개발 운영한다.

삼성그룹 내 금융기업 삼성생명CI, 화재CI, 증권CI 금융업과 관련된 금융ITO는 매출에 따라 개발 인력을 채용한다. 또 BPO사업은 물류 시스템에 대한 이해를 기반으로 한 대외서비스로, 삼성클라우드 내 public클라우드 영역, 혹은 외부의 AWS, Azure, GCP, 네이버 클라우드로 이전해 운영비용을 절감하고 있다.

특히 시스템을 직접 개발하기 어려운 회사를 대상으로 쇼핑몰과 연계하여 자동 주문생성, 배송처리, 통관, 풀필먼트 서비스, 반품 처리 등 물류와 관련된 모든 서비스를 개발한다고 생각하면 쉬울 듯하다.

SI, SM기업을 생각하고 있거나 클라우드 관련 시스템 개발, 운영을 하고 싶다면 관련 퍼블릭클라우드에 대한 자격사항을 준비하고 프로젝트에서 이를 활용한 이력으로 해당 직무에 도전할 수 있다. 산업공학과나 다른 전공도 도전해 볼 수 있으니 공학 계열을 나와 IT역량을 키웠다면 한번 생각해 봐도 좋겠다.

문프로 팁!!

삼성은 자기소개서에서 떨어지는 비율이 꽤 높은 만큼 항목에서 요구하는 내용만 서술하길 바란다. 특히 요즘 트렌드에 해당하는 기술 중 가장 관심 있는 분야에 대한 현재 상황과 자신의 의견을 서술하는 내용에서 근거가 특히 타당해야 한다.

즉, 자신 있게 이야기할 수 있는 내용이어야 하며, 지원하는 직무와 연관시켜 적기를 권한다. 최신 기술에 대한 이해도와 얼마나 관심을 가지고 있었는지를 알아보는 만큼 트렌드에 대한 자신만의 견해가 필요하다.

면접을 대비하여 발표한다고 가정하고 서론, 본론, 결론 구조를 맞추며, 주장과 근거가 명확하게 정리될 수 있어야 한다. 논리력이 필요한 만큼 최신 지식을 나열식으로 적는 실수를 범하지 않기를 바란다.

1박 2일 면접, SKT IT개발 직무

SK IT 개발 직무 면접 진행과정(22년~23년도)

22년도 SKT 개발자 채용의 특이점과 23년도 플랫폼 기업 중 하나인 SK플래닛의 채용 진행 과정을 살펴보고, 다른 기업들과 다른 점을 미리 준비해 나가도록 하자

첫 번째, 채용 프로세스에서의 차이점은 무엇이 있을까?

SKT는 22년도에 자기소개서와 포트폴리오 준비 없이도 개발자의 코딩 역량을 먼저 평가한 후 성적에 따라 계열사의 채용 프로세스를 각기 다르게 하였다.

특히 SK텔레콤은 코딩 테스트 이후에 사전 과제를 제출

해야 하며 PT면접 형식으로 자신이 작성한 코딩에 대한 기술적인 부분을 설명할 수 있어야 한다.

난이도는 높은 편이며 기본질문부터 어려운 질문까지 추가 질문이 들어오는데, 사전 과제는 PT 발표 3일 전쯤 제시되어 짧은 시간 안에 구현하는 기능이 많은 만큼 다 마치지 못하고 제출하는 경우가 많다.

상반기는 이러한 사전 과제 형식으로 한 번 더 역량을 검증하였으며, 하반기는 코로나가 잠잠해지면서 합숙 면접 형식으로 이전의 채용 과정이 부활하였다.

코로나 이후 이루어지는 합숙 면접이 처음인 만큼 어떤 식으로 진행되었는지 살펴보면서 면접을 미리 대비하길 바란다.

1박 2일 면접 첫날

1박 2일 면접의 첫 날은 팀 구성원을 8명으로 하여 면접관이 앞에 1명(일정관리 면접관), 뒤에 2명의 배치로 앉는 방식으로 진행되었다.

이때 개인 과제와 그룹 과제가 따로 제시되었고, 이번에 나온 주제는 "당신은 에이닷 개발 PM이며, 약속 장소를 자동으로 잡아주는 기능을 개발하라"는 과제였고, 형식은 자유였다.

개발을 진행하면서 주어진 제한 사항은 팀원을 6~8명이라 가정하고 3개월 안에 개발을 해야 하는 조건이다. 또한 프로젝트 아키텍처를 컴포넌트 단위로 구현하고 자기가 맡고 싶은 직무 2개를 선택하여 설명해야 하는 추가 조건이 있다. 구현 시간은 30~40분이다.

직무는 CLIENT, 프론트엔드, 백엔드 AOS, IOS, AI, Infra로 나누어지며 대규모 트래픽을 고려해서 설계를 진행해야 한다. 개별로 기능 구현이 끝난 뒤에는 한 사람씩 돌아가면서 자기가 설계를 어떻게 했는지 발표를 해야 하며, 발표 후 팀원들과 상의하는 시간이 주어진다.

직무 단위로 팀이 짜이며, 해당 팀의 경우는 AI 4명, FE 2명(웹 프론트 1명, AOS 1명), 백엔드 2명으로 구성하였다. 자율적으로 이동해서 프로젝트에 대해 의논하는 시간이 있지만, 그 시간이 매우 짧으며, 상의 후 한 명씩 발표하는 시간으로 채점을 한다.

발표를 한 후에는 개인별 프로젝트에서 리팩토링하는 시간이 있는데, 이때 결과물을 개인 면접 때에도 발표해야 하므로 시간 활용을 매우 잘해야만 이후 면접에 어려움이 없다.

개인 과제가 위의 형식으로 진행된다면, 그룹 과제는 주제가 주어지면 팀을 나누어 과제를 수행한다.

첫 번째 주제는 SKT를 대표할 수 있는 표어를 만들고 구체적인 목표와 이를 실현하기 위한 방안을 세우는 것이다. 목표 구체화를 위해 새로운 트렌드 정보가 몇 개 주어지며, 이를 고려한 표어와 세부 목표를 설정해야 한다.

두 번째 과제 또한 A팀과 B팀으로 나누었고 협상을 직접 진행해야 하는 상황을 가정하였다. 거래 상황은 어플리케이션을 만들려는 회사와, 해당 앱을 실제로 만드는 SI회사이며, 협상을 진행하면서 포인트를 가져가는 게임형식이다.

한 가지 주제로 두 가지 역할에서 어떻게 협의를 이끌어내는지를 판단하는 형식이기 때문에 두 역할을 해 보면서 어떻게 설득하는지를 중점적으로 확인한다. 한 타임 끝나면 우리팀에서 제일 잘했던 사람과 상대팀에서 제일 잘했던 사람을 서로 고른다.

세 번째 그룹 과제는 스케줄 짜기 과제로, 여러 스케줄이 주어지는데 거기서 최대한 효율적으로 스케줄을 짜는 과제이다. 이때에도 스케줄을 A와 B팀으로 나누어 진행하였고,

스케줄을 짠 이후에 발표를 해야 한다.

1박 2일 면접 둘째 날

다음 날도 조별 과제를 수행하는 주제들이며 나무스틱으로 탑 쌓기를 팀별로 하고 주어지는 정보를 가지고 팀과 의논해서 표를 채워나가야 한다.

이렇게 그룹 과제가 마무리되면 개인 면접이 이어진다. 개인 면접 시간은 개별적으로 다르며, 보통 20~25분으로 진행된다.

첫 번째 개인 면접은 임원면접으로, 1대 3으로 이루어지며 자기소개서를 기반으로 하여 진행된다. 자기소개서 기반 질문이 끝나면 본인을 어필할 수 있는 1분이 주어진다.

두 번째 개인 면접은 HR(Human Resource) 면접으로, 1:1면접이며 인성 면접과 비슷한 형식이다.

개인 면접도 첫 번째와 비슷하며 최대한 편하게 질문이 들어온다.

마지막으로 세 번째 개인 면접은 첫날 했던 과제(프로젝트 과제 설계)를 발표하는 자리이며, 2:1 형식이다. 개인마다 직무가 달라 면접자의 직무에 맞춰서 질문이 들어오고, 기술적으로 어떻게 구현했는지를 물어보는 방식이다.

(기억나는 질문으로는 대규모 트래픽 처리를 어떻게 할지 계속 물어본 부분, API를 통해 효율적으로 어떻게 데이터 처리를 할 수 있는지의 두 가지로 나눌 수 있다.)

SK플래닛은 채용이 SKT처럼 사전 과제를 준다거나 합숙면접 등 차별화된 면접이기보다는 직무와 인성면접으로 나누어지며, SKCT 시험과 코딩테스트를 통과하면 응시가 가능하다.

이 계열사는 22년도와 다르게 미리 자기소개서를 작성하여 제출하도록 진행되었고, 인턴을 통해 정규직 전환이 가능한 전형으로 개발 직무를 다양화하여 신입 채용이 이루어졌다.

채용 분야를 크게 나누어 엔지니어링 부분에서 프론트/백엔드, 안드로이드/IOS 앱으로 구분하였고 OK 캐시백과 미디어 솔루션, 챗봇, TID, IOT, 클라우드, 광고플랫폼, 마이데이터로 나누어 통합플랫폼을 기반으로 데이터를 활용한 맞춤 서비스를 할 수 있는 개발자를 찾고 있다.

여기에 더하여 AI분야, UI기획/설계, UX-GUI/Visual디자인, UX-UI개발 등 분야별로 채용 연계 비중이 늘어났다.

지원서 접수 이후에 코딩테스트를 보며, 서류전형이 진행되는 일정은 이전하고 동일하다. 다만 달라진 부분은 서류전형 후 인터뷰(면접)를 하고, SKCT(심층역량검사)를 거쳐 채용이 진행된다는 점이다. 해당 채용프로세스를 상세히 살펴보고 일반 기업과 다른 부분을 미리 확인하여 준비하는 데 어려움이 없길 바란다.

이렇게 SK 개발직무를 따로 이야기한 이유는 다른 IT서비스 기업과는 상이한 채용프로세스와 스타트업에 상응하는 개발 주기를 경험해 볼 수 있는 계열사, 그리고 직무가 있다는 점이다.

여러분들도 IT서비스 기업에 도전하고 있다면 SK 채용프로세스도 염두하고 코딩테스트와 면접을 준비해 보길 바란다.

C 언어 기초부터, 현대 계열 현대오토에버

현대오토에버 차량 운용 SW 네비게이션직무/경로탐색 개발/정밀지도 송출 SW개발

이 직무는 컴퓨터공학 전공 이외에 정보통신, 항공학과, 소프트웨어학과, 전자공학과 등 임베디드 과목을 공부한 다양한 전공자들이 진출할 수 있는 직무이며, 반도체 전공을 한 친구들도 현대오토에버나 현대자동차 계열 직무에 도전할 수 있다.

여러 사례 중 항공대학을 나오고 소프트웨어 전공으로 이번 공채에 합격한 친구의 개발 이력과 채용 공고를 통해 현 직무와 준비 과정 또한 알아보기로 한다.

여러분은 성공 사례와 해당 채용 공고를 비교하여 어디까지 준비해야만 최종 합격을 할 수 있을지 스스로 가늠하면서 개발 공부 계획을 짜 보도록 하자.

현대 계열은 기초이론과 개발 툴을 중요하게 보는 곳으로, 실제 PT자료를 만들어 제출하여 본인이 지금까지 공부해 온 부분을 발표를 통해 점검한다. 현대오토에버에서는 이러한 PT 면접보다는 본인이 한 프로젝트를 1차 면접에서 꼼꼼하게 물어보며 해당 지식을 어디까지 활용할 수 있을지를 가장 중점적으로 평가한다. 한마디로 전공자나 해당 직무 계열 공과대가 아니라면 서류에서부터 통과하기가 어렵다.

그러면 어떠한 기초지식과 프로젝트 경험을 얼마만큼 갖추고 있어야 합격할 수 있을까?

먼저 언어와 기술 스택에 대해서 하나씩 이야기해 보면서 방향을 찾아 나가도록 해보자.

첫 번째로, 이 학생의 기초 이론 지식은 무엇이었는지 언급해 보면서 자신의 지식과 비교·대조해 보자.

관련 학과를 나왔다면 C언어를 기반으로 해서 프로그래밍과 자료구조, C++프로그래밍, 기초공학 설계 등을 통해 자신의 임베디드에 대한 기초 이론을 제대로 점검할 필요가 있다.

특히 C언어나 C++언어에 대한 지식을 어느 정도 갖추고 있는지, 기본 기술을 점검하는 질문들이 있을 수 있고, 관련 C언어로 설계를 어떻게 하였는지를 구체적으로 물어보는 경우가 많다. 또한 학부생 때 어떤 식으로 공부하였는지를 통해 역량을 어필해 볼 수도 있다.

22년도에 합격한 이 학생은 리눅스 환경에서 C언어의 구조를 배우면서 1주에 하나씩 과제를 하나씩 받아서 해결하였고, 관련 코딩 능력을 쌓아가기 위해 밤늦게까지 알고리즘 과제를 하면서 A+학점을 받은 경험을 가지고 있다.

C언어 프로그래밍에서 배운 원시파일, 목적파일, 컴파일러에 대한 이해도와 기본 이론에 대해서 설명할 수 있었고, 이로 인해 1차 면접은 무난히 통과할 수 있었다. 여러분도 학부생 때 배웠던 내용을 토대로 하여 학습 내용을 점검하고 이해도를 높이기를 바란다.

이 책을 읽는 독자 여러분은 학부 때 좋아했거나 잘했던 과목의 이론을 한 번 더 점검해 본 다음 프로젝트를 통해 이론과 지식을 어떻게 활용하였는지 어필할 필요가 있다.

그러면 두 번째로, 해당 프로젝트 경험이 없다면 지원이 불가할까? 그렇지는 않다! 관련 교육을 통해 프로젝트 경험을 더

쌓는다면 좋겠지만, 꼭 교육을 받은 학생들만 이 직무에 합격하지는 않았다. 학부과정을 마치고 코딩 능력만 있다면 차량 전장 SW직무에 지원하여 합격한 사례들이 얼마든지 있다.

하지만 직무와 연관된 프로젝트 경험이 2개 정도는 있어야지 해당 지식을 어떻게 활용하고 무엇을 배웠는지 이야기할 수 있으므로 지식만 갖추었다면 이를 활용할 수 있는 방법을 찾아보길 바란다. 관련 프로젝트 경험이 전혀 없을 경우 면접에서 해당 직무 이외에 다른 직무를 할 수 있는지 질문 받을 수 있다.

실제로 본인이 생각지 않은 직무로 취업한 케이스도 있고, 현대 기업은 다른 직무를 할 수 있는지 물어보기도 하며, 전공과 연관성이 떨어진 프론트엔드나 품질 쪽으로 직무를 바꾼 학생도 있다.

그러면 직무와 가장 직접적으로 연관이 있는 프로젝트 중 어떤 핵심기술을 활용하였을까?

내비게이션 경로탐색/정밀지도 분야는 자율주행을 하기 위해 필요한 기술이며, 자율주행 프로젝트를 직접 해 보면서 해당 능력을 인정받을 수 있었다.

그러면 학부생이나 교육생 수준에서 할 수 있는 수준은 무엇일까? 현장의 기술은 당연 사용해 보기 어렵겠지만 합격생의 이력 중 가장 직무와 연관된 기술 구현 과정을 통해 여러분이 프로젝트를 계획할 때 참고할 수 있도록 해 보자.

이 학생은 주행 팀에서 차선변경을 고려한 다익스트라(Dijkstra) 알고리즘을 고안하고 충돌 회피 알고리즘과 자연스러운 회피를 위한 3차 함수로 경로를 구현하는 역할을 맡았다.

그중 지원한 직무와 연관되는 첫 번째 사례로 연산 부하가 크게 걸려 한 번 테스트를 실행할 때마다 약 1분 정도의 대기시간이 생기는 문제를 해결한 경험을 들 수 있다. 가상환경이라는 특수한 실행 환경을 고려하여 멀티부팅으로 우분투를 설치하여 테스트를 진행하였고, 대기시간이 거의 없는 환경을 구현하였다.

두 번째로 연산 부하로 하지 못했던 LiDAR 센서와 카메라 센서를 테스트하여 최종적으로 LiDAR로 물체를 탐지하여 lattice planner로 충돌을 회피하는 코드 테스트를 하였다. 그리고 여기에서 더 나아가 네트워크 부분에서도 ROS 통신으로 센서를 활용하여 자율주행을 직접 구현하는 과정을 혼자 다 해 본 경험이 있다. 이러한 경험들로 현대오토에버의 내비게이션 및 경로탐색 직무에 합격할 수 있었다.

그러면 실제 현대오토에버의 채용 공고는 어떠했을까?

차량 운용 SW(내비게이션) 분야

- 요구역량 : Linux환경에서 C/C++개발 역량
- 알고리즘을 활용한 Application 구현 및 설계 역량
- Backend 프로그래밍 개발 역량

정밀지도 송출 SW개발

- 차량 위치 정보 송/수신 로직 및 정밀 지도 매칭 로직 개발, 차량 제어기간 연동 기능 개발 및 검증
- 요구역량 : C/C++기본역량/임베디드 응용 SW개발 역량

네트워크에 대한 이해 (TCP)

- OS : Linux, Windows
- Tool : Visual STUDIO, wireshark

앞에 열거한 채용직무의 요구역량과 합격한 학생의 이력 및 프로젝트 경험을 비교하면서 내용을 살펴보길 바란다. 현직에서 할 수 있는 부분을 제외하고 여러분들도 가능한 부

분들만 열거하였다.

그러면 지금까지 이야기한 부분에서 3가지만 중점적으로 정리해 보겠다.

첫 번째로, 학부생 때 배웠던 기초 지식 과목을 탄탄히 정리할 필요가 있다. C언어 계통 언어에 대한 지식을 통해 관련 기초 지식을 제대로 습득하고 있어야 하고, 알고리즘 공부를 통해 코딩 능력을 키워야 한다.

두 번째로, 회사에서 원하는 툴을 사용해 보아야 한다. 직접적으로 리눅스 환경에서 개발해 본 경험이 있거나 백엔드 관련 기초 지식을 추가하자.

세 번째로, 해당 직무와 직접적으로 연관될 수 있는 프로젝트 경험이 있으면 좋다. 자율주행과 연관된 차선변경 시 고려되는 알고리즘 공부를 하면서 고민해 보고 다양한 시도를 한 경험이 있으면 좋다. 그리고 네트워크 통신으로 센서를 활용해 직접 주행한 경험이 있다면 당연 이 직무에 지원할 역량을 갖추었다고 할 수 있다.

위의 세 가지 역량을 탄탄히 갖춘다면 현대 내비게이션이나 정밀지도 송출 분야에 지원해 보고 합격 통지를 받을 수 있을 것이다.

```
<!DOCTYPE html>
<html lang="en">
<head>
  <title>My perfect website</title>
  <meta charset="utf-8" />

  <link rel="preconnect" href="//s3.mysite.com" />
      <link rel="preconnect" href="//www.mysite.com" />

  <meta name="viewport" content="width=640, initial-scale=1">

               <script>
               var mytag = mytag || {};
               mytag.cmd = mytag.cmd || [];
               (function() {
                       var gads = document.createElement('script');
                       gads.async = true;
                       gads.type = 'text/script';
                       var useSSL = 'https:' == document.location.protocol;
                       gads.src = (useSSL ? 'https:' : 'http:') + '//www.mytagservices.com/tag
                       var node = document.getElementsByTagName('script')[0];
                       node.parentNode.insertBefore(gads, node);
               })();
               mytag.cmd.push(function() {
                                                      var homepageSquarySizeMapping = mytag.
                                   addSize([945, 250], [200, 200]).
                                   addSize([0, 0], [300, 250]).
                                   build();
                        mytag.defineSlot('/1023782/homepageDynamicSquare', [[300, 250], [
```

</ 3장 >

직무 파헤치기

안드로이드, IOS앱 개발 업무는 무엇이 다른가?

안드로이드 개발은 일상에서 폰으로 쉽게 접하는 앱 개발을 말한다. 그러면 안드로이드가 무엇일까? 이에 대해서 짧게 설명을 먼저 한 다음, 해당 개발자는 웹 개발에 대비해 무엇을 준비해야 할지 사례를 통해 쉽게 접근해 보자.

먼저 안드로이드(영어: Android)는 스마트폰, 태블릿 PC 같은 터치스크린 모바일 장치용으로 디자인된 운영체제로, 수정된 리눅스 커널 버전을 비롯한 오픈 소스 소프트웨어에 기반을 둔 모바일 운영 체제이다.

이러한 안드로이드 개발자는 우리가 즐겨 사용하는 플레이스토어에 있는 다양한 앱처럼 고객이 쉽게 접근하고 지속적으로 사용이 가능한 앱을 만들어야 한다. 그렇게 때문에 트렌드에 맞는 신서비스로 고객 맞춤 앱(초개인화)을 개발하여 지속적인 기능 개선을 할 능력이 필요하다.

그러면 이러한 안드로이드 앱을 개발하기 위해서는 일반적인 웹 개발과 비교하여 어떤 점이 달라야 할까?

우선 언어에서부터 차이점을 찾아 볼 수 있다.

웹 개발은 주로 자바와 파이썬을 통해 개발을 진행한다면, 안드로이드 개발은 코틀린을 주 언어로 사용하면서 자바를 병용한다. 또한 안드로이드 소프트웨어 개발 키트(Firebase의 SDK)를 통해 응용 프로그램을 개발하는 데 필요한 각종 도구와 응용 프로그램 인터페이스(API)를 제공받을 수 있다. SDK를 통해 개발자가 개발에 더 집중하도록 도와준다고 생각하면 쉽겠다.

그러면 이러한 안드로이드 개발자가 되기 위해서는 어떠한 기술 스택을 사용하여 실제 개발을 진행해야 할까?

현재 지마켓에 다니고 있는 안드로이드 개발자와 요즘 핫하게 떠오르는 토스, 무신사 등 스타트업에서의 요구사항을 비교해 보고 준비사항 등을 하나씩 점검해 나가 보자.

먼저 신입 기준의 기본 스킬은 어디까지일까? 큰 틀에서 우선 설명을 하고 관련 채용 공고를 비교해 보면서 유사점을 발견해 보자.

다음 내용은 신입 기준이며 보통은 경력자 위주로 개발자를 뽑기 때문에 신입이라면 어느 수준까지 준비를 해야 하는지 막막할 때가 많다. 그래서 채용형 인턴이나 신입으로 취업을 준비하는 독자를 위해 내용을 전개하였다.

이 학생은 개발 스킬을 쌓기 위해 3번의 모바일 프로젝트를 했었고, 해당 프로젝트에서 하나씩 기술을 넓혀 나갔다.

앱 개발의 기본지식으로 첫 번째, Android Architecture Component를 활용하였다. 이는 SDK(소프트웨어 개발 키트) 컴포넌트에 대한 가이드로, 쉽게 개발을 하도록 도움을 주는 라이브러리이다. 해당 가이드를 잘 숙지하면 개발 시 도움을 많이 받을 수 있다.

두 번째로, 비동기 작업 처리를 위해 RXjava2, 혹은 Coroutine를 이용하였고, Retrofit2를 이용하여 네트워크 작업 처리를 한 경험이 있다.

여기에 ML(머신러닝)KIT를 이용한 사물인식 경험과 IOS 대응을 위해 안드로이드 네이티브 앱에서 웹 앱으로 변경하는 경험까지 프로젝트에서 해 보았다.

세 번째로, SW개발 능력을 갖추기 위해 Clean Architecture와 MVVM디자인 패턴을 적용한 프로젝트를 경험하였으며, 현업에서 주로 사용하는 Jira와 Git을 이용한 프로젝트 관리 능력을 어필했다.

그러면 많은 학생들이 가고 싶어 하는 당근마켓이나 무신사에서는 안드로이드 개발자의 능력을 어디까지 원하고 있을까? 일반적인 채용 공고를 통해 우선 비교해 보자.

당근마켓에서 안드로이드 개발자에게 요구하는 사항은 안드로이드 플랫폼과 개발 전반에 대해 높은 이해로 새로운 기능을 설계하고 구현하는 것을 즐기는 사람이다.

기술적으로는 SDK 개발 및 배포 경험과 테스트 코드 작성 경험, 오픈소스 Contribution 경험이 있는 사람을 요구하고 있다.

그러면 무신사는 어떨까? 이곳의 지원 자격은 Kotlin 언어에 능숙하고, Kotlin 언어 기반으로 앱 개발 경험과 MVVM, DataBinding, AndroidX 활용 경험, webView 동작 방식을 이해하고, 웹뷰와 네이티브 간의 연동 경험, Retrofit, Glide 등의 대중적인 라이브러리 사용 경험이 있는 사람을 선호한다.

여기에 새로운 기술에 대해 열려 있고 배우기를 좋아하며 꾸준히 코드를 개선하고 코드 리뷰에 대한 적극성을 지니기를 원한다.

그러면 앞에 언급한 지마켓(이베이코리아) 안드로이드 개발에 신입으로 입사한 학생과의 공통점을 찾아보자.

첫 번째로, 새로운 기술을 꾸준히 공부하는 열의와 클린 코드를 위해 리뷰를 지속적으로 하는 점이다.

두 번째로 코틀린 언어에 능숙하며 이를 기반으로 한 앱 개발에서 MVVM, Retrofit(대중적인 라이브러리)를 활용한 경험이다.

세 번째로(AAC) SDK활용한 개발 및 배포 경험과 Coroutine를 활용한 비동기 작업 처리 경험이다.

네 번째로 IOS대응을 위해 안드로이드 네이티브 앱에서 웹 앱으로 변경하는 경험까지 일치한다.

위의 네 가지는 기본적으로 안드로이드 개발을 준비하는 독자라면 익혀야 하는 부분이며, 외우고 암기하기보다는 프로젝트를 하면서 이해도를 높이는 것을 추천한다.

토이프로젝트(개인프로젝트)나 공모전, 훈련기관에서 하는 프로젝트를 통해 해당 경험을 꼭 갖추어야만 원하는 IT서비스 회사에 합격하는 기회를 얻을 수 있을 것이다.

AI/ML 석 · 박사급이 대부분…

인공지능 분야는 직무가 어떤 것인지 논하기 전에, 향후 500조 이상의 가치를 가지고 있는 기술의 중심이 무엇인지 먼저 알아야 한다.

지금 국내외 기업들이 AI(인공지능) 골드러시에 빠지고 있고 AI를 어떻게 활용하느냐가 기업의 업계 내 순위를 바꿀 전망이며, 이런 흐름에 부합하지 못하면 코닥처럼 이름만 남아 있는 실패 기업이 될 수도 있다.

특히 마이크로소프트는 오픈AI에 대규모 투자를 진행해

왔고, 이렇게 확보한 오픈AI 기술을 기반으로 차세대 AI 플랫폼 시장을 확보하기 위한 기술을 내놓았다. 그 중심에 있는 기술이 챗GPT이다. 오픈AI(Open AI)가 만든 대화 생성 AI로, 자연스러운 대화체와 맥락을 파악하는 능력, 텍스트 요약, 코딩 등 이제까지의 챗봇과 차원이 다른 성능을 보여준다.

이에 맞서기 위한 대외적인 움직임 또한 예사롭지 않다.

삼성전자와 SK하이닉스 등 반도체 업계는 AI 대중화로 반도체 불황을 이겨내기 위한 시동을 걸고 있다.

삼성전자는 비스포크 가전제품에 AI를 접목해 누진세 구간이나 월별 전력 목표량을 설정하고, AI 절약 모드로 에너지 사용량을 20%까지 줄이는 기술과 초거대 AI에 필요한 전용 AI반도체와 솔루션을 네이버와 함께하며 개발에 박차를 가하고 있다.

SK는 통신, 반도체, UAM(도심항공교통) 등 기존 사업과 신사업 전반에 AI를 활용하여 GPT-3 기반 AI 비서 '에이닷'에 오픈AI가 개발한 챗GPT 접목하여 대세에 편승해 가고 있다.

또한 LG AI연구원은 자체 개발한 초거대 AI '엑사원'에 이미지를 문자화하는 기술인 '이미지 캡셔닝' 능력을 강화하여 전 세계 연구자들을 대상으로 4월에 공개 대회를 주최한다.

주제는 '제로샷 이미지 캡셔닝'으로, AI가 처음 본 사물, 동물, 풍경 등이 포함된 이미지를 보고 기존 학습 데이터를 기반으로 스스로 이해하고 유추한 결과를 글로 설명하는 기술을 활용하는 것이다. 이 기술이 고도화하면 이미지 인식 AI 기술의 정확성과 공정성이 높아져 인간의 실생활에 직접 도움을 줄 수 있다.

초거대AI 기술 개발은 데이터와 인력 확보 등이 쉽지 않아 막대한 투자비용이 든다는 점에서 대기업들에게 미래 경쟁력을 확보하는 지름길이자 생존수단이라는 양면성을 지니고 있다.

그러면 이러한 직무는 어떠한 자격요건을 갖추고 있어야 할까?

예비개발자들이 기존의 AI아카데미나 교육을 통해 이러한 큰 흐름을 알고 직무역량을 쌓아오고 있는 건 사실이다. 하지만 실제 교육을 받고 난 뒤에 바로 취업을 할 수 있는 경우는 많지 않다. 왜 그럴까?

다른 직무는 전공과 상관없이 개발 역량이 있으면 가능한데 비해 이 직무는 특히 입사할 수 있는 문턱이 매우 높게 자리하고 있다.

우선 석, 박사가 아니면 지원조차 할 수 없다. 또한 AI관련 학회에서 발행한 논문 또한 갖추어야 한다.

대학원에서 연구를 진행한 경험이 필수이다 보니 학부생 기준에서 지원할 수 있는 공고는 거의 스타트업에서도 찾기 어려울 수 있다.

그러면 포기를 해야 할까? 그렇지는 않다. 우선 수학, 통계학과 학생이라면 학부생 때부터 AI나 머신러닝 쪽 프로젝트를 해 보기를 추천하며, 대학원에서 Compter vision 및 NLP 관련 전공을 통해 역량을 차근차근 마련해야 한다.

본인이 개발이나 연구에 관심이 있고 장기적으로 이 직무를 할 생각이라면 도전 가능성이 무궁무진하다. 학부생 때부터 연구실에 들어가 Python, C++, GPU프로그래밍의 숙련도를 높여 나가길 바란다. 웹은 자바와 자바스크립트, 안드로이드는 코틀린이라면 이 직무는 Python을 기본으로 알고리즘 역량을 키워 나가야 한다.

만약 “수학, 통계학과 석사가 아니면 힘든 건가요?”라고 물어본다면, 힘들 수 있다. 희망고문 없이 바로 “어렵다”라고 이야기하겠다. 본인이 알고리즘이나 머신러닝 공부를 따로 했거나 통계, 수학 석사학위 이상이 아니라면 다른 직무를 선택할 것을 고민 없이 바로 추천한다.

독자 여러분이 대학원에 가서 연구를 할 의향이 있다면 상관없다. 하지만 단기간에 이직을 원하거나 일반학부생이라면 이 직무는 바로 배제하고 들어가자.

석사를 했다는 기준에서 대학원에서는 논문 연구가 중점이기 때문에 졸업 이후에 주언어인 python이나 C++로 코딩 능력을 키우고 훈련기관에서 AI프로젝트를 해 보는 것도 좋다.

이처럼 직무 능력을 요약해서 정리해 본다면 수학, 통계학 전공을 바탕으로 대학원에서 AI학회에 논문을 제출한 이력이 있어야 한다.

또한 다양한 개발능력보다는 머신러닝, 딥러닝, 알고리즘 등 하나의 분야에 뛰어난 능력을 지니고 있어야 한다.

마지막으로 신기술에 대한 끊임없는 연구와 탐구가 필요하며 이를 통해 발생한 문제를 창의적으로 해결해 나갈 수 있는 '찐' 개발자가 되고 싶다면 이 직무를 추천한다.

인턴 체험형이나 채용형에서도 석·박사를 조건으로 하고 있으니 정말 하고자 하는 의지가 높다면 해 보기를 바란다.

백엔드(IT서비스), 금융권(뱅킹서비스)에 취업하려면?

백엔드 직무는 서비스를 볼 때 화면에 단순히 표현된 모습이 아니라 뒤에 연계되는 다양한 시스템들에 대해서 생각해 보고 그에 필요한 기술들을 다루는 직무다.

사전적인 의미를 덧붙여 서비스형 백엔드의 경우 웹 및 모바일 애플리케이션(앱) 개발자를 위한 클라우드 서비스를 의미하며, 개발자는 앱을 개발할 때마다 자주 필요한 사용자 관리 및 접속 제어, 푸시 알림, 데이터 저장, 누리 소통망 서비스(SNS), 위치 서비스 등의 백엔드 기능을 구현하기 위해 코드를 직접 개발해야 한다.

그러나 서비스형 백엔드(BaaS)를 이용하면, 개발자는 직접 코드를 개발하지 않고 앱을 클라우드와 연동시켜 BaaS에서 제공하는 응용 프로그램 인터페이스(API: Application Program Interface)를 호출하여 사용한다. 따라서 개발 시간을 단축하고 코드의 복잡성을 줄일 수 있다.

그러면 이러한 백엔드 직무를 실제 취업현장에서 어느 정도 대접해 주고 있을까? 타 직무에 비해 공급과 수요 자체가 월등히 많은 직무에 속하며, 실제로 우리가 쉽게 알고 있는 개발자하면 이 직무에 종사하는 경우가 많다.

그럼 다른 직무는 채용 비율이 그만큼 적다는 건가?

실제로 채용에서 차이를 여실히 보여 컨설팅 일을 하면서 직무 고민을 하는 예비개발자들에게 은근히 백엔드 직무 추천을 많이 하였다. 어려운 길이지만, 눈에 보이는 성과를 보이기에 이만한 직무가 없기 때문이다.

아래의 금융권, 카카오 합격생들도 백엔드의 기본 역량을 쌓으면서 차근차근 새로운 기술을 적용하여 실력을 다져왔다. 이들의 기본 역량과 구체적인 기술 스택이 현행 채용 공고와 다르지 않음을 살펴보고, 공부 계획 시 현실적 접근이 가능하도록 내용을 배열해 두었다. 우선은 가볍게 읽어가면서 기본 백엔드 기술이 무엇인지 기록해 두길 바란다.

첫 번째로, 국민은행에 합격한 학생들의 공통적인 주요 기술을 먼저 언급하고 핵심 직무 내용(지원직무)을 뒤에 기술하는 순서로 했다.

본격적으로 회사에서 자주 물어보는 실제 개발의 필수 요소는 무엇이고 백엔드 개발을 하기 위한 개발 환경은 무엇일까?

이것이 중요한 이유는 클라우드 환경, 클라우드 사용 시의 장점, 분산시스템 사용 여부, 하둡, 클러스터 자체적 구축 이력, API명세서, 기능 명세와 관련된 지식 등 사용한 개발 환경과 이를 점검하는 질문들로 역량을 평가하기 때문이다.

공통된 개발 환경은 Vue3, Spring boot, Java, AWS EC2, Nginx, Docker, Jenkins, MySQL을 기본으로 개발을 진행했고, 주된 수행 기술 3가지로 서비스 배포, WebRTC 기능 개발, DB Table 설계와 DB서버 구축을 들 수 있다.

서비스 배포 부분에서 기술적인 부분을 언급하자면 Docker를 사용한 Application 도커라이징, 서비스 아키텍처 개선, 자동 배포 환경 구축, HTTPS 적용(SSL Certificate) 능력이며, WebRTC 구현을 위해 Coturn 서버 설정 및 Croup call 기능, 채팅 기능 개발에서 실시간 채팅을 위해 WebRTC 구현에 활용한 WebSocket을 재활용했다. 또한 젠킨스를 활용한 CI/CD 배포 등을 들 수 있다.

이게 왜 중요할까? 일반 회사에서 '백엔드란 어떤 직무이다'라고 서술은 해 놓았지만, 프로젝트에서 발휘해야 하는 역량은 무엇인지 정확히 기술해 놓지 않은 경우가 많다.

회사에 지원하기 전 당연히 알고 가야 하는 필수 사항이므로 잘 보고 기억해 두길 바란다. 그래야만 개발 필수 요소를 익히는 시행착오를 줄이고, 기본 역량이지만 핵심 기술이 무엇인지 단번에 알 수 있다.

그러면 카카오에 합격한 백엔드 개발자는 어떠한 개발 환경에서 무엇을 준비하였을까?

우선 Java가 주언어이며, 라이브러리로 JWT, spring boot, JPA, Spring Security, Stomp을 사용했으며, Open API로 카카오, 구글 SNS로그인과 우리말샘을 이용하였다. 또한 WebRTC를 기반으로 OpenVidu를 사용, DB에서 MySQL과 AWS S3를 이용하여 언어적 역량과 최신 클라우드 서비스를 구현하였다.

이러한 개발은 팀 단위로 진행되는 것이 대부분이며, 현업에서 사용하는 협업 툴을 실제로 써 본 이력도 매우 중요하다. 사용 목적에 따라 협업 툴을 구분하여 향후 토이프로젝트(개인 프로젝트/소규모)나 팀 단위 프로젝트에 활용해 보기를 바란다.

문장으로 길게 서술하기보다 카카오 합격생의 협업 툴을 하나씩 기술해 놓을 테니 최신 정보를 하나씩 적어 두는 기회로 삼을 수 있도록 하자!

저장 회의록 : Notion	코드관리 : GitLab
일정관리 : JIRA	명세서 작성 : SpreadSheet
와이어프레임/시퀀스 다이어그램 : Figma, Google PPT	
화상회의 : Webex, Mattermost, Discord	

그러면 이제 다시 본론으로 돌아와, 그 합격생은 카카오 백엔드 개발자로 어떻게 합격할 수 있었을까? 주로 사용한 기술과, 어떤 기능을 구현했는지 자세하게 살펴보려고 한다.

주 사용 기술을 하나씩 열거하자면, Spring Boot, Spring Data JPA, MySQL을 기반으로 웹 서비스 플랫폼을 개발하기 위해 Mysql Workbench를 활용한 ERD를 디자인했고, MySQL DB 구축, Spring Boot, JPA를 사용하여 회원가입, 로그인, 회원 정보 조회 등의 회원 관리, 서비스와 모임의 생성, 출입, 조회 모임 및 관리 서비스를 REST API로 구현했다. 또한 Stomp를 활용한 소켓 통신, Resttemlate을 사용해 우리말샘 API 호출 기능을 추가했다.

실제 개발을 하게 되면 '어떤 것을 개발해야 할까?', '이게 맞나?'를 고민하는 예비개발자들이 많고, 이론을 배우고 어떤 것을 구현할까 고민하는 단계에 이르면 이것을 참고로 하여 개발을 스스로 해 보기를 추천한다.

실제 오늘 올라온 백엔드 공통 지원 자격과 우대 사항을 보면 위의 내용과 공통점을 많이 발견할 수 있다. 채용 내용을 간단히 기술하면 다음과 같다.

카카오 공통 지원자격 : Java/Kotlin 서버 개발/Spring Framework을 이용한 서버, RESTful API 기반 설계 및 구현 경험/MySQL 또는 유사한 RDBMS 경험

공통 우대사항 : K8S, Docker를 이용한 서비스 운영 경험/Memcached, Redis 등의 서버 캐시를 이용한 개발 경험/시스템 모니터링 구축 및 강화 경험/테스트 커버리지 확대 및 지속적 구조 개선 경험

카카오의 채용정보를 기술하는 이유는 당연하겠지만, 가장 최신기술을 알 수 있고, 어떤 단계의 기술을 공부해야 할까 고민하고 있다면 멀리 갈 필요 없이 이 부분을 참고할 것

을 먼저 추천한다.

IT기술은 계속 발전하고 있고, 개발 기술 단계는 '3.0, 4.0, 5.0' 하는 식으로 진화를 거듭하고 있다. 가령 현재 주변의 갤럭시 스마트폰에 탑재된 안드로이드 버전을 확인해 보면 대략 'Android 12' 정도로 업그레이드가 되어 있을 것이다. 기술 뒷부분에 붙어있는 숫자는 단계를 의미하고 어디까지 발전해 왔는지 짐작할 수 있다.

이처럼 위에 기술한 직무역량과 네이버 백엔드 서버 개발자에게 필요한 역량을 포함하여 공통적으로 요구되는 역량을 크게 4가지로 구분하여 정리해 보면 다음과 같다.

첫 번째, Java, C++, 파이썬 등 하나 이상의 언어에 능숙해야 한다. 특별히 어떤 언어보다는 회사에서 요구하는 언어를 사용하기를 권한다. (백엔드에서는 주로 Java 언어를 아직까지도 많이 사용한다)

두 번째, Java를 주 언어로 사용했다면 Spring Framewok

를 이용하여 프로젝트를 해보고, 스스로 실행 중 느낀 이론의 장단점을 잘 숙지·이해하여 직무면접에서 어느 정도 이해하고 있는지 보여주어야 한다.

세 번째, 데이터를 다루는 직무인 만큼 MySQL, Redis 등 관련 언어를 사용해 본 경험이 필요하다. 요즘은 해당 언어로 코딩테스트도 한 두 문제씩 출제되므로 기초 이론을 중점으로 익혀 두어야 한다.

네 번째, 웹과 모바일 서비스의 뒷단에서 서비스가 잘 운영되도록 돕는 직무이므로 일반적인 아키텍처에 대한 이해를 기반으로 RESTful API 설계 역량을 보유하고 있어야 한다.

실제 프로젝트에서 RESTful하게 설계한다는 의미를 스스로 이해하고 있어야 하며, 빈번하게 나오는 직무면접 기출이므로 개발을 하면서 본인의 개발 과정을 정리하는 습관을 지녀야 한다.

마지막으로, 한 가지 더 추가하자면 이것은 신입기준에서는 경험해 보기 어려운 부분이나, 공모전 등 회사와 연계해서 하는 프로젝트에 참여하는 기회를 가지길 바란다.

대용량 DB 및 데이터 처리 경험이 필요한데, 클라우드 서비스를 다루기 위해서는 대용량 데이터 처리 경험이 있는지, 실무에서 적용이 가능한지가 중요하므로 개발할 때 대량의 데이터로 진행할 수 있기를 권한다.

돌고 돌아서 다시 시작하는 방법을 선택하기보다 가장 빠른 방법으로 스타트하기를 권한다. 위의 합격생들이 이런 부분을 빨리 캐치하여 프로젝트에 활용하였으며, 이것이 신의 한 수처럼 작용하여 카카오, 국민은행의 신입으로 당당히 합격할 수 있었다.

합격생들이 해 놓은 것을 참고하여 실제 개발에서 기술 스택을 사용해 보기를 추천하며, 취업에 성공한 현업개발자들의 길을 천천히 따라가다 보면 개발자의 길을 어느새 여러분도 걸어가고 있으리라 분명히 말할 수 있다.

프론트엔드, 고객 입장의 개발자가 되려면?

소개 전에, 이 직무는 채용이 많지 않아 나를 찾아오는 예비개발자들에게 추천을 잘 못하는 직군에 속한다. 직무에 대한 재미를 느끼고 해 보고 싶어 하는 수준이라면 선뜻 추천을 하지는 않는다. 최신 트렌드에 대한 공부와 타고난 감각, 그리고 고객이 쉽게 접근할 수 있는 기능 연구가 필수인 직무다.

프론트엔드 개발의 사전적인 의미를 언급하자면 백엔드 API(Application Programming Interface)에서 가져온 데이터의 출력, 입력을 통한 비즈니스 로직 구성과 사용자 인터페이스에 대한 작업을 수행할 수 있어야 하며, 유저가 눈으로 보는 모든 것을 개발하는 직무라 할 수 있다.

고객이 서비스 정보를 탐색하고, 이용할 때 제일 먼저 보는 부분을 담당하므로 고객과 가장 먼저 맞닿는 영역의 일을 한다는 점에서 다른 개발들과는 달리, 고객·사용자의 반응을 확인하며 즉각적으로 판단하고, 빠르게 대응해야 한다.

백엔드와 기획의 중간 다리 역할을 수행하고 있다는 점도 다른 직무와 프론트엔드 개발을 구분하는 특징이다. 여기까지가 프론트엔드 직무가 하는 일반적인 사전적 의미다.

일반적으로 백엔드와 프론트엔드는 별개가 아니며, 서로 연관되는 부분에서 협업해야 하는 업무가 많은 만큼 이후 경력을 갖고 난 뒤에는 두 직무에서 직무 전환을 하게 되는 경우도 많다.

하지만 신입 지원일 경우 한 가지를 전문적으로 검증하므로 프론트 직무에서 요구하는 기술을 잘 익힌 다음 백엔드와 같이 연동하는 부분에 대한 기술을 어느 정도 준비하면 좋을 듯하다.

이 직무도 타 직무와 마찬가지로 주 언어를 토대로 새로운 기술을 공부해야 하며 백엔드와 같이 작업을 해야 하는 만큼 프론트 개발자라도 어느 정도 백엔드 지식을 알고 활용해 본 경험이 있는 개발자를 원하는 곳이 제법 있다.

그러면 사용하는 주 언어는 무엇이며 어떠한 환경에서 작업을 하고 어디까지 구현해 본 경험이 있으면 좋을까? 실제로 신입기준에서 요구하는 기술이 무엇인지 카카오와 당근마켓을 통해 기술과 문화(자질)적인 면으로 나누어 준비사항을 알아보도록 하자.

먼저 기술 스택부터 한번 접근해 보자. 사실 기술이 계속 발전하고 있지만 큰 흐름은 아직 바뀌지 않고 있어 넓은 범위 내에서 설명을 해 보겠다.

프론트엔드는 타 회사의 코딩테스트와는 다르게 다양한 언어를 지원자들이 자율적으로 선택하기보다는 JavaScript를 지정 언어로 시험을 보는 곳이 많다. 준비를 시작하는 예비개발자라면 타 직무에서 주로 사용하는 파이썬이나 자바가 아니라 JavaScript와 더불어 TypeScript를 사용하기를 추천한다. 주 언어를 JavaScript로 하여 추가적으로

TypeScript를 공부하고 프로젝트에 적용해 보기를 바란다. 특히 카카오의 경우는 두 언어를 모두 사용하고 있어 한 언어에 익숙해졌다면 신기술에도 관심을 가지고 개인적으로 공부하기를 추천한다.

사용하는 버전도 중요한데, ES2016 이후 버전으로 준비하기를 바라며 버전에 대한 공부로 ES5와 ES6에 대한 지식을 알고 비교할 수도 있어야 한다.

다음으로 주 사용 프레임워크는 React와 Vue.js가 있으며, 둘 중에서도 React를 사용하는 업무가 더 많다. 이건 회사마다 주로 사용하는 것이 달라질 수 있으므로 지원하는 회사에 맞게 준비할 수 있기를 바란다. 추가로 상태 관리 라이브러리는 Redux, Vuex, MobX를 보편적으로 사용하며, 특히 Redux에 대해 사용하면서 배운 지식을 제대로 갖추어 놓아야 한다.

한 예로 'Redux 구조를 어떻게 잡았는지', '미들웨어는 무엇을 썼는지?', 'Redux에서 전반 상태를 어떻게 관리했는지', 'React 생명주기'에 대한 질문들에 대한 답을 정확하게 할 수 있어야 한다.

최근의 회사들은 업무를 진행하면서 자동화된 테스트 환경을 구축하여 반복적인 테스트 비용을 줄이고 있는데, 이러한 작업을 도와주는 것이 테스팅 프레임워크이다. 그 예로 Jest가 있으며 Jasmine와 Cypress.io가 그 뒤를 따르고 있다.

마지막으로 빌드와 배포 부분에서 공부했으면 하는 부분은 Jenkins와 Docker, Kubernetes이며, 이는 프론트엔드라도 어느 정도는 알고 있기를 추천한다.

그러면 지금까지 말한 역량 중 가장 중요하게 해야 하는 부분을 정리해서 3가지로 요약해 보자.

첫 번째로, ES2015+버전을 포함하여 JavaScript로 코딩테스트를 준비하면서 이를 토대로 프로젝트를 진행한 이력이 있어야 한다.

두 번째로, 기본적인 역량 중 하나인 HTML/CSS에 대한 이해를 토대로 페이지 구성 및 수정이 가능해야 한다. 이건 기본 중에 기본이므로 이에 대한 이해가 완벽하게 이루어져 있어야 한다.

마지막으로 문화(자질)면에서 스스로 역량을 향상시키고자 하는 열정으로 신기술에 대한 적용과 이를 토대로 고객들이 쉽게 접근이 가능하도록 기능에 대한 끊임없는 연구와 노력을 할 수 있는 개발자이면 된다.

쉽게 말해서 여러분들이 자기소개서에 항상 작성하는 문구인 '고객입장에서 개발할 수 있는 개발자'에 딱 해당하는 직무이다. 이러한 업무를 동료인 기획 파트, 백엔드 개발자와 함께해야 하므로 형상 관리 도구인 GIT이나 CI 도구 활용을 통해 협업 능력을 보여줄 수 있으면 된다.

중간 역할을 많이 담당하는 직무인 만큼 스스로 촉매제 역할을 하면서 트렌드에 맞는 개발이 가능하다면 이 직무를 추천한다.

신기술분야의 개발자 되기
(데이터 엔지니어, 인공지능, 블록체인)

데이터 엔지니어 직무란 대량의 데이터셋을 가공하는 개발자로, 데이터 파이프라인 개발 및 관리 업무가 주업무이다. 사내 데이터 애널리스트와 데이터 사이언티스트가 제품을 최적화하기 위한 분석 도구를 개발하고 AWS, 애저(Azure), GCP 등 클라우드 환경에서 대량의 데이터 관리 백엔드 시스템을 개발하는 직무이다. 또한 하둡(Hadoop), 스파크(Spark) 등을 이용해 대용량 데이터 분산 처리 시스템을 개발할 수 있는 역량이 필요하다.

이러한 직무정의를 바탕으로 22년 데이터 엔지니어/데이터 사이언티스트 채용 공고를 통해 직무 상세 요건을 알아보고 실제 준비사항을 점검하면서 기본 역량 중 갖춰야 할 부분을 추가로 덧붙였다. 빨리 합격하는 지름길이므로 예들을 통해 하나씩 알아보자.

여러 채용 공고 중 신한은행의 신기술 분야인 데이터 분석 직무를 예를 들어 상반기/하반기 공통부분을 통해 필요한 준비사항을 하나씩 알아보면, 신기술 활용 서비스 발굴 및 개발 분야를 세 가지 직무로 구분하여 살펴 볼 수 있다.

첫 번째는, 인공지능(AI), 알고리즘 연구개발, AI서비스 구축 분야로 대규모 자연어 이해 및 금융 분야 AI모델 개발 경험과 AI기술이 들어간 컨택센터AI(챗봇, 음성처리, 대화처리) 경험이 필요하다.

두 번째는 데이터 분석 및 모형 개발, 데이터 분석 플랫폼 구축 직무이다. 정형·비정형 데이터 분석 및 알고리즘 적용 능력과 머신러닝·딥러닝 기반 예측 모형 개발 및 운영능력을 갖추어야 지원이 가능하다.

세 번째 직무인 블록체인·클라우드·오픈소스 활용 서비스 개발 분야는 블록체인 플랫폼 Legacy 연계 SDK개발 경험과 클라우드 Infra 운영 및 컨테이너 기반 클라우드 서비스 개발 경험을 우대한다.

그러면 이러한 개발 경험을 다 가지고 있어야 지원이 가능할까? 당연히 그렇지 않다. 시니어 개발자조차도 위의 능력을 다 가지고 있는 경우를 찾기 힘들다. 해당 직무 능력 중 본인이 어필할 수 있는 필요 역량을 갖추고 있으면 된다.

그러면 기본적으로 갖춰야 하는 능력의 범위는 어디까지일까? 직무 필수역량이라면 머신러닝/딥러닝 관련 지식과 이를 활용할 수 있는 역량 및 기반이 되는 데이터 마이닝 및 데이터 분석 경험이 필요하다. 이를 통해 Analytics를 통한 Insight를 도출할 수 있어야 하며, 이를 해당 금융 분야에 적용할 수 있는 능력이 필요하다.(데이터 사이언티스트 직무일 경우에만)

이러한 능력을 토대로 컨테이너 기반 플랫폼 개발 및 운영 역량을 보여준다면 해당 신기술분야로 지원이 가능하다. 기본적으로 본인이 잘하는 언어 하나는 갖추어야 하며, 신기술분야는 Python으로 코딩 능력만 갖추어도 지원이 가능하다. 특히 다른 백엔드 직무에서 요구하는 Java나 자동차 계열 SW직무 시 필요한 C/C++ 역량까지는 요구하지 않는다. (있으면 당연히 좋지만)

비전공일 경우 Python언어를 접하기 수월하며, 짧은 기간 안에 배워 실력을 쌓아나갈 수 있다. 하지만 이쪽 분야는 다른 직무에 비해 뽑는 인원이 매우 적어 신입이 입사를 할 수는 있지만 그 예가 극히 적어 해당 채용 공고가 있다면 인턴이나 체험형이라도 도전해 보기를 권한다.

관련 채용 공고 중 22년 KT 그룹 채용형 인턴사원 모집(Data분석)에는 컴퓨터 관련 전공이 아니더라도 정규 4년제 대학 졸업생이라면 응시가 가능하고, 채용 전환 시 즉시 입사가 가능했다. 기본적으로는 Python 및 SQL(관계형 데이터베이스) 프로그램 사용이 가능해야 하며 R프로그램 등 통계 프로그램을 사용해 보았다면 우대 요건을 갖출 수 있다. 또 세이버 매트릭스 및 Tracking Data 이해가 높은 지원자를 원한다. 이 과정은 코딩테스트에 대한 부담이 크지 않아 서류와 KT 인적성검사 통과 시 면접 전형에 응시할 수 있는 자격이 주어진다.

비전공자의 경우 관련 경험을 키우기 위해 데이터나 AI 관련 공모전 중 공신력이 높은 공모전에 응시해 보면서 경험을 쌓기를 권한다. 수학이나 통계학과를 나왔다면 학부생 때 데이터 전처리 부분 쪽 프로젝트를 해 보기를 권하며, 이러한 경험을 바탕으로 공모전에 참여하기를 추천한다.

한 예로 〈네이버 CLOVA AI RUSH 2022〉가 있으며, 네이버 인프라와 실제 서비스 데이터를 통해 AI 과제를 해결하고 실제로 적용 가능한 수준의 AI모델과 서비스를 개발, 기획할 수 있는 AI프로젝트 챌린지로, 컴퓨터 관련 전공이 아니더라도 누구나 지원이 가능하다.

특히 모든 프로젝트에 멘토링을 받을 수 있는 실무진 PM이 함께할 수 있는 기회이며, 이후 우수 챌린저는 인턴 및 정규 채용 연계를 통해 지속적인 서비스 모델 개발이 가능하다.

학부생 때 프로젝트 경험을 하기 힘들고 이러한 공모전에 나갈 준비가 안 된 경우에는 어떻게 해야 할까? 이러한 경우 기본적인 지식을 먼저 쌓기를 권한다. 이때 기본지식이란 해당 프로젝트 경험을 쌓기 위한 기반지식과 언어를 말한다.

개발 언어 중 미리 공부해 두면 좋을 언어로 SQL를 필수로 들 수 있으며, 코딩 테스트 시험에서도 1문제 정도는 해당 능력을 점검한다. 게다가 다른 언어에 비해 공부하기가 쉬워 비전공자라도 한 달만 투자한다면 해당 자격시험에 응시할 수 있다.

또한 시스템 개발에 필요한 프로그래밍 언어 사용 스킬이 필수인데, 자바, 자바스크립트, 파이썬, C/C++ 중 1개 정도는 할 수 있기를 권한다.

아울러 데이터를 다룰 수 있는 도구 사용 경험이 있어야 하므로 하둡, 스파크 등 빅데이터 도구를 사용해서 프로젝트를 하거나 도커로 개발하여 배포한 경험이 있다면 우대를 받을 수 있다.

프로젝트 전체 관리자 PM & IT기획

PM은 Project Manager로 프로젝트의 시작부터 끝까지 모든 과정을 관리, 감독, 리딩하는 업무를 한다. IT 프로젝트의 전 과정을 책임지는 만큼 경험과 경력을 필수로 요구하므로 다른 IT직무에서 경험을 쌓아 PM이 되는 경우가 많다.

소프로젝트의 경우 PM을 할 수 있는 기회가 올 수도 있고, 회사 규모가 크면 보다 체계적인 기준, 교육 등을 통해서 PM을 선별해 기회를 얻을 수 있다.

웹에이전시 PM은 신입 기획자가 바로 PM을 하더라도 기본 일정 관리 및 의사소통 매개자 업무가 중심일 수 있고, SI 솔루션 이상의 기업은 개발 과정이 컨트롤 돼야 하므로 개발자가 PM이 되는 경우가 흔하다.

넥슨코리아에 PM인턴으로 뽑혀 교육을 통해 개발자로 간 케이스가 있기는 하지만, 실제로 경험 없이 가기는 어려운 직무이므로 우선 IT기획 직무를 알아보고 PM이 어떤 일을 하는지 순으로 이야기해 나가겠다.

IT기획 직무는 IT Planning Manager로 범위를 작게 생각해 본다면 회사 전반의 비즈니스 프로세스를 계획, 지원하는 업무이기 때문에 다양한 영역(부서)을 경험할 수 있다.

ICT 시스템 기획과 기획이 실행·운영될 수 있도록 관리하는 것이 주 업무이므로 새로운 아이디어를 제시하면서도 관련 부서의 공감을 이끌어 내야 한다.

업무 효율화 및 생산성 향상을 위한 IT 매뉴얼을 만들지만 IT 프로젝트 이슈 관리에서는 특히 타부서와의 커뮤니케이션 역량이 정말 중요하다. 그러므로 항시 ICT 기술 트렌드에 대한 이해와 각 부서 상황을 이해할 수 있는 공감 능력을 발휘해야 한다.

사내교육이나 개인 공부를 통해 IT역량을 마련해 가도록 도와주지만, IT기획자도 꼭 전공자는 아니더라도 프로젝트 경험을 선호하는 추세로 가고 있다. 실제 채용에서 코딩시험을 보지 않는 유일한 직무이면서도 면접에서 기본 CS지식이나 프로젝트 기술에 대한 질문은 언제든지 받을 수 있으므로 준비는 따로 해 두어야 한다.

그럼 PM직무는 ICT기획과 어떤 점이 다르다고 할 수 있을까? 여러 개발자로 경험을 쌓고 전체 프로젝트를 관리해야 만큼 하는 직무도 범위가 매우 넓다고 할 수 있다.

IT과제에 대한 프로젝트 계획·수행·통제·종료까지 전체를 담당하면서 프로젝트 수행 Task별 진행 리딩(수행범위, 일정, 리스크/이슈 관리 등) 능력이 필수로 요구된다. 해당 면접에서도 어떠한 상황을 가정한 뒤 이슈 관리 능력을 확인하는 만큼 문제해결능력을 검증하는 과정이 많다.

또한 프로젝트 방법론이나 IT운영 전반의 지식과 기술 트렌드에 대한 전반적인 지식·경험이 기본능력이며, 또한 부서와의 협업을 통한 커뮤니케이션 능력(문서 작성 포함)을 보여주어야 한다.

위에 열거한 내용들로 보아도 알겠지만 PM과 IT기획 직무는 공통점이 매우 많다. 특별히 차이점을 두자면 IT기획은 아이디어를 기반으로 한 기획능력과 디자인 능력 등 개발 지식의 깊이가 깊지 않거나 코딩 능력이 없이도 지원이 가능하다는 점이다. 또한 신입도 지원이 가능해 신기술에 대한 이해를 기반으로 역량을 어필한다면 충분히 입사 기회를 얻을 수 있다.

실제로 PM과 IT기획 합격 사례를 통해 어떤 준비를 했는지 이후 목차에 기술해 두었으므로 참고해 나가길 바란다.

그러면 공통적으로 해당 직무를 하기 위한 필수 능력을 3가지로 정리하자면,

첫 번째로, IT개발 과정 전반에 대한 이해가 필요하다. 요즘은 요구조건으로 프로젝트 2회 이상 경험자라고 채용 공고에 기재가 되어 있는 경우도 있어 개발프로세스 과정을 이해하기를 추천한다. 시스템 기획, 개발, 개선 과정에 대한 이해가 선행되어야 하므로 PM이라면 특히 개발경험이 필수이

며, 기획이라면 작은 프로젝트라도 경험해 보기를 추천한다.

두 번째로, 프로젝트 경험에서 해당 이슈 해결이나 개선을 어떻게 했는지 상세히 준비해 두어야 한다. 문제를 해결해야 하는 상황이 수시로 발생하며, 상황대처능력을 통해 역량을 발휘해야 하므로 주도적으로 이러한 역할을 해 보기를 권한다. (기획업무도 타부서에게 시스템 기획이나 개선에 대한 공감을 이끌어야 하므로 해당 능력을 공통적으로 같이 언급해 두었다.)

세 번째로, 매니저로서 역할을 해야 하는 만큼 협업능력이 강점이어야 한다. 사실 부서 간의 이해관계나 또는 개발 과정의 어려움 등 개발 상황을 이해하고 접근해야 하는 직무이므로 리더십도 중요하지만 문제 조정 능력이 더 우선순위에 해당한다. 갈등 해결이나 대인관계능력이 높아야 하는 직무이므로 프로젝트에서 이를 어떻게 극복해 나갔는지, 또는 다른 사회경험을 통해 본인만의 친화력을 어필해 보는 것도 좋은 방법이다.

위의 내용을 종합해 볼 때 개발능력(PM필수), 개발 과정에 대한 이해, 신기술에 대한 공부, 협업능력, 프로젝트 경험을 토대로 한 문제해결능력이 필요하므로 '찐' 개발자로 개발에만 집중하고 싶은 예비준비생이라면 해당 직무는 살짝 패스해도 좋을 듯싶다.

모든 직무에서 협업능력과 문제해결능력이 필요하지만, 이 직무는 처음 시발점부터 조정 업무와 설득 역량을 기반으로 이루어지므로 해당 부분에서 어려움이 있다면 시작하기를 추천하지는 않겠다. 특히 본인의 성향이나 업무 스타일 등을 잘 살펴보고 해당 직무를 고민해 보길 바란다.

실제로 제일기획이나 엔터테인먼트 쪽이라면 기획업무의 비중이 크며 개발자와의 협업이 많은 만큼 채용 공고가 있을 때 개발자와 기획자 중에 본인의 역량을 최대한 발휘할 수 있는 곳으로 지원하면 좋겠다.

```
<!DOCTYPE html>
<html lang="en">
<head>
  <title>My perfect website</title>
  <meta charset="utf-8" />

  <link rel="preconnect" href="//s3.mysite.com" />
      <link rel="preconnect" href="//www.mysite.com" />

  <meta name="viewport" content="width=640, initial-scale=1">

                <script>
                var mytag = mytag || {};
                mytag.cmd = mytag.cmd || [];
                (function() {
                        var gads = document.createElement('script');
                        gads.async = true;
                        gads.type = 'text/script';
                        var useSSL = 'https:' == document.location.protocol;
                        gads.src = (useSSL ? 'https:' : 'http:') + '//www.mytagservices.com/tag
                        var node = document.getElementsByTagName('script')[0];
                        node.parentNode.insertBefore(gads, node);
                })();
                 mytag.cmd.push(function() {
                                                    var homepageSquarySizeMapping = mytag.
                                    addSize([945, 250], [200, 200]).
                                    addSize([0, 0], [300, 250]).
                                    build();
                         mytag.defineSlot('/1023782/homepageDynamicSquare', [[300, 250], [
```

</ 4장 >

영란 프로만의 직무별 취업 성공 사례 준비 노하우

네이버 데이터 엔지니어/ 인턴을 거쳐 정규직까지

이 학생은 학부 때부터 연구실 프로젝트와 개인 프로젝트 경험이 있을뿐더러 백엔드에서 데이터 엔지니어까지 자연스럽게 관심사가 옮겨 간 케이스다.

네이버는 데이터 엔지니어 직무를 신입·경력으로 23년도에도 모집하고 있으며, 경력이 없더라도 지원이 가능하지만, 그에 상응하는 개발 능력을 보여줘야 한다.

특히 이 학생은 정규직 면접에서도 워낙 출중한 개발 능력을 보유하고 있어 그에 대한 질문보다는 왜 우리 회사, 우리 팀에 함께하고 싶은지에 대한 질문을 주로 받은 기억이

난다. IT서비스 기업에서 마지막으로 컬처핏을 보는 만큼 여러분도 회사를 선택하는 데 있어 문화적인 면도 같이 고려하여 미리 준비해 두어야 한다.

또한 타 직무와 다르게 데이터를 다루는 것이 주 업무이므로 어디에서 데이터를 가져오고 이를 어떻게 활용했는지 대한 경험을 통해 직무능력을 평가받는다.

그러면 보통 데이터 엔지니어가 되기 위해서 어떠한 준비를 하면 좋을지, 이 학생의 사례와 실제 모집에서 요구하는 채용정보로 직무 요구사항을 알아가 보자.

질문을 통해 어떻게 합격할 수 있었는지 학생의 인터뷰를 들어보았다.

1. 컨설팅 받으면서 도움이 많이 되었나요?

인성면접에서 회사와 함께해야 하는 이유와 가치관, 협업 관련 질문에 대한 답을 하는 데 어려움이 있었습니다. 실제로 인턴에서 협업 시 어떠한 부분이 어려웠고, 어떻게 해결해 나갔는지를 중점적으로 하여 피드백하였고, 회사에서도 왜 우리 팀이어야 하는지에 대한 면담이 있었기 때문에 이런 부분에 대한 상담을 중점적으로 받았습니다.

2. 합격할 수 있었던 이유는 무엇일까요?

학부생 때부터 주로 했었던 공모전이 많은 도움이 되었습니다.

데이터를 다루는 직무인 만큼 원천 데이터를 어디에서 가져오고 이를 활용할 수 있는지에 대한 능력이 필요했습니다. 대용량의 데이터를 가져오는 것이 중요하므로 공공기관 주최 대회에 참여하여 관련 능력을 쌓았습니다.

산업통상자원부 주관 공공데이터 활용 공모전이나 네이버 주최 AI 공모전 등 관련 대회에서 대량의 데이터를 다루는 능력을 키울 수 있었습니다.

3. 취업에 도움이 된 강점이 있다면 무엇인지?

대량의 데이터를 사용하기 위해 새롭게 사용해 본 기술 스택들로 공부를 꾸준히 한 것이 도움이 많이 되었습니다.

예를 들어, 기술 스택으로 kafka, Cocker-Copmose, Kubernetes Terraform 등을 활용한 배포, AWS, Mysql, Docker, DB설계 및 구축, 백엔드적 역량(Spring boot설정), JPA, Config관리(개발, 운영, 관리), DB연동 경험들이 많은 도움이 되었습니다.

문프로 팁!!

1. 실제 네이버 데브옵스 데이터 엔지니어에서 요구하는 역량에서도 Docker, Kubernetes 등 컨테이너 오케스트레이션을 이해하고 사용한 사람을 선호하고 있음!
2. Kafka, Flink 등 스트림 처리 오픈소스 플랫폼을 이해하고 사용해 본 경험을 선호하므로 오픈소스 플랫폼 활용 경험이 있으면 좋음!
3. 서류전형의 특징은? 당시 따로 제출한 자기소개서는 없었고 2~3장의 포트폴리오만 제출하여 직무면접을 보았음 / 23년기준, 자기소개서에서는 프로젝트 에러나 문제상황을 중심으로 해결 과정에 대한 본인만의 고민을 상세히 기술함
4. 주로 면접에서 물어 본 내용은? 프로젝트에서 발휘한 역량을 확인하는 과정으로 이루어졌습니다. 마지막 면접에서 협업이나 꼭 우리 조직이어야만 하는 이유를 주로 물어보셨습니다.

※ 본인의 기술을 정리하여 말하는 연습과 협업에서 본인이 중요하게 생각하는 부분을 정리해 두기를 추천합니다.

문프로 팁!!

1. 이 학생은 본인이 한 프로젝트만 해도 5개가 넘을 만큼 많고 자신이 만든 플랫폼들을 개발하고 끝내는 것이 아니라 실제로 유저들이 사용하도록 한 부분이 다른 지원자들과 차별화된 면이다. 특히 리팩토링을 통해 계속 본인이 만든 부분을 점검하고 고도화하는 작업을 하였고 최신 기술을 다루고 적용해 본 점에서 높은 점수를 받을 수 있었다.
2. 데이터 엔지니어(분석) 직무는 신입을 더욱더 뽑지 않는 직무이기 때문에 본인의 역량을 검증받을 수 있는 기회도 매우 적다. 대용량 데이터를 다룰 수 있는 경험을 해 보기를 추천하며 신입으로 지원할 수 있는 수시채용 일정을 수시로 확인하고 지원이 가능하도록 미리 준비해 두어야만 좁은 문을 뚫고 본인이 하고 싶은 일을 할 수 있을 거라 생각한다.
3. 데이터 분석 직무로 꼭 IT서비스 기업이 아닌 일반 대기업 수시채용을 대비하기 위해서는 코딩테스트 이외에 인적성 시험을 볼 수 있으므로 여러 방면으로 준비해 두기를 추천한다.

※23년 KCC에서도 데이터 분석 직무 대졸 신입을 뽑고 있으므로 지원을 해 보면서 폭을 넓혀 나가길 바란다.

카카오 백엔드 개발자

2023, 카카오 개발자 블라인드 공채 합격
현직 개발자 최 ○○/직무 : 프로그래밍 분야

개발자하면 정신없이 코드를 짜고 개발에 몰두하는 이미지인데, 이 학생이 여기에 해당한다. 그만큼 알고리즘 공부를 재미있어 하며, 우리 반의 자랑이자 '찐' 개발자라고 말하고 싶은 학생이다.

첫 상담 때부터 알고리즘 공부와 개발에 재미를 느끼고 있는 몇 안 되는 학생이었다. 이렇게 적극적이고 열심히 하는 학생은 컨설팅을 하면 한눈에 먼저 알아볼 수 있다.

코딩테스트를 통과하기 위해 보통은 6개월가량 스터디를 하는데, 이때 문제를 많이 풀어본다 해도 300문제를 넘기가 힘들다. 그런데 이 학생은 500~600문제 이상을 풀면서도 더 잘 풀 수 있는 방법을 스스로 연구한 학생이다.

이러면 보통 '혼자 개발하는 것을 더 즐기지 않을까' 걱정하게 되지만, 면접을 진행해 보면 1%도 그런 염려가 되지 않는 학생이다. 얼마나 재미있고 유쾌한 학생인지 존재만으로 팀 전체 분위기가 "으쌰으쌰" 하게 되면서 즐겁게 개발에 몰두하는 환경을 만들어 나간다.

준비과정에서도 IT서비스 회사인 유니콘 기업 및 삼성, 카카오, 토스 면접까지 무리 없이 갈 수 있었고, 스스로 역량을 만들어나가는 것을 즐길 줄 알았다.

특히 가장 잘하는 역량은 역시 코딩 능력! 여기에 IT서비스 회사에서 필수적으로 요구하는 기술적인 지식을 더 갖추기 위해 CS 공부와 기본지식을 꼼꼼히 공부하였고, 몇 번의 도전만으로 원하는 기업인 카카오에 합격할 수 있었다.

가장 중요하면서도 어려운 두 가지! 재미와 적성을 동시에 가지고 있는 학생! 개발자에 가장 완벽히 일치하는 특별한 학생! 컨설팅을 하는 나조차도 긍정적인 영향을 받고, 하나라도 더 해주고 싶은 학생 몇 안 되는 개발자 중 한 명이다.

그럼 질문을 통해 어떻게 합격할 수 있었는지 학생의 인터뷰를 들어보자.

Q1. 컨설팅 받으면서 도움이 많이 되었나요?

도움이 많이 되었습니다! 특히 자기소개서 첨삭, 면접 컨설팅이 많은 도움이 되었습니다. 세어 보니 취업 상담만 10번을 받으러 갔네요. 컨설턴트 님, 바쁜 와중에 제가 참 자주 상담하러 갔는데, 덕분에 취업 잘했습니다!

Q2. 합격할 수 있었던 이유는 무엇일까요?

꺾이지 않는 마음! 성격상 스트레스를 적게 받는 편이며, 자고 일어나면 회복이 되었습니다. 그래도 서류나 면접에서 탈락하면 텐션이 좀 떨어지곤 했습니다. 그럴 때일수록 차분하게 스스로를 다시 돌아보며 부족한 점, 보완할 점에 대해 생각했습니다.

Q3. 본인만의 강점이라면?

SPring, Vue프레임워크를 다루면서 백엔드 및 풀스택 개발자를 희망하는 입장에서 프레임 워크 지식을 쌓았다는 점입니다.

또한 면접에서 물어본 질문 중 스프링 사용 경험과 "왜 백엔드 서버 개발에 스프링을 사용한다고 생각하시나요? 스프링 빈 스코프에 대해 설명해 주세요" 등의 질문을 받았을 때 위의 경험들이 많은 도움이 되었습니다. 여러분도 해당 능력을 쌓으면 면접 기술 질문에서 큰 도움이 될 것이라 생각합니다.

두 번째로 협업과 커뮤니케이션 능력을 들 수 있습니다. 프로젝트를 진행하면서 발휘한 협업 경험들이 큰 강점으로 작용하였습니다.

Q4. 본인이 느낀 서류전형의 특징은?

기본적으로 서류 없이 지원서에 이메일, 폰 번호만 기재하였고, 코딩테스트 합격 후 면접 참고용으로 서류를 제출하였습니다.

경력사항, 프로젝트 경험, 병역 정보, 자기소개 위주로 입력하였고, 자신 있는 프로젝트 3개, 개발 가치관, 커뮤니케이션 능력만 기재하였습니다.

(답변이 유리하도록 내용 구성 : 많은 프로젝트보다 내실 있는 내용만 작성)

Q5. 코딩테스트는 어떠했을까요?

코딩테스트 진행과정	오픈북, 오픈 구글로 진행
1차 코딩테스트	일반적인 알고리즘 문제
	2023년 공채 기준 5시간 동안 7문제 출제
	문제와 풀이 : 프로그래머스와 카카오 기술 블로그에 올라옴
2차 코딩테스트	30분간 : CS퀴즈
	5시간 : HTTP 통신으로 API호출 문제 해결 방식으로 코딩테스트 진행
	문제와 풀이 : 프로그래머스와 카카오 기술 블로그 참고
	Rest통신, http통신, JSON 다룰 수 있어야 함

Q6. 면접전형에서 기억에 남는 것이 있다면 무엇인가요?

면접관 : 엄청 친절하고, 최대한 긴장하지 않고 대답할 수 있는 분위기를 조성해 주셨고, 하지만 질문은 날카로운 질문이 자주 들어왔습니다.

1차 면접	기술 면접 약 1시간 진행, 2차 코딩테스트 리뷰, CS전공 기초지식 질문
	프로젝트 관련 질문, 간단한 인성 질문

2차 면접 : 인성 면접 약 40분간 진행/자기소개, 자기소개서, 본인의 경험을 바탕으로 꼬리 질문이 계속 들어옴/중간중간 약간의 압박 질문도 들어옴

Q7. 마지막으로 기억나는 면접 질문이 있다면?

2023년 하반기 공채 면접 질문
• 주소창에 daum. net을 치면 어떤 일이 일어날까요
• SSL핸드세이크가 왜 필요할까요? 그리고 핸드세이크 과정에 대해서 설명해 주세요
• Mysql과 default 고립 레벨이 무엇인가요?
• 크기가 1기가짜리인 데이터를 정렬하려는데, 컴퓨터의 메모리가 100메가 밖에 없으면 어떤 정렬 알고리즘을 사용할 건가요?
• 프로젝트 관련해서 왜 그 기술을 사용했는지?
• 만약 3년 차에 내가 진짜 잘하는 개발자인 줄 알았는데 사실 아무것도 할 줄 모르는 사람이라면 어떻게 할 건가요?
• 하기 싫은 일을 억지로 했던 경험이 있나요?
• 지원서에 이런 내용이 있는데 이건 본인이 팀장으로서 잘못했기 때문에 그런 일이 생긴 건 아닌가요. (압박질문)
• (경험 질문에 대한 꼬리 질문) 본인이 열정이 과해서 프로젝트를 진행하자고 몰아붙여서 그렇게 된 거 아니에요? (압박질문)

예비개발자에게 하고 싶은 말
• 지레 겁먹기보다 일단 도전해 봐라! • 본인이 아직 준비가 덜 된 것 같다고 가만히 있지 마시고, 채용 공고 뜨면 그냥 다 지원해 보세요!! • 중요한 건 꺾이지 않는 마음입니다!!

신한은행
뱅킹 서비스

양○○ 신한은행 뱅킹서비스 합격

나에게는 유독 인상 깊게 남아 있던 이 학생은 비전공자이지만 꾸준히 알고리즘 역량을 키워 시험을 거쳐 전공반으로 옮긴 케이스다. 반을 옮기는 것은 한 학기에 3명 이내인 만큼 열심히 했기 때문에 가능한 일이었다. 그러다 보니 비전공반에서 파이썬으로 알고리즘 스터디를 하고 전공반에서는 자바로 스터디를 하여 두 개의 언어를 동시에 쓸 수 있었다. 학생들 사이에서도 열심히 하기로 소문이 나 있어 알고리즘 스터디를 꾸준히 하기 힘들어 하는 친구들을 모아이 학생과 같이 할 수 있도록 스터디를 새로 만들어 주었다.

사실 기존부터 운영 중인 스터디로도 힘들었을 텐데 강압적으로(친분으로) 시킨 부분도 있어서 조금 미안했지만, 잘하는 학생과 중간, 어려워하는 학생까지 수준이 다양하게 섞인 스터디 모임으로 오히려 구성이 더 좋았다. 스터디 2개의 모임장으로 모임을 10개월 이상 운영하고 개발 프로젝트 3개를 병행하면서 당당히 신한은행에 합격할 수 있었다. 특히 매일 정리한 부분을 깃이나 블로그에 올리면서 스스로 공부한 부분을 점검하는 성실함까지 갖추었다. 그러다 보니 취업 준비 시 개발에 더 집중할 수 있도록 자기소개서에서 단어나 문장까지 세세하게 챙겨줄 만큼 개인적으로 더 잘됐으면 하는 특별한 학생 중 하나였다.

과정이 말해 주듯, 프로젝트에서 최우수상을 수상하였고, 상상놀이터라는 프로젝트로 경북대병원에서 직접 시연을 하고 우리 회사 홈페이지에 프로젝트 내용을 올리면서 우수 학생으로 뽑혔다.

여러분도 비전공자이거나 처음 IT분야를 접하더라도 배우려는 의지와 노력, 새로운 분야에 대한 도전의식만 있다면 이 학생처럼 특별한 사람으로 충분히 원하는 곳에 취업할 수 있으리라 생각한다. 그럼 질문을 통해 어떻게 합격할 수 있었는지 학생의 인터뷰를 하나씩 들어보자.

Q1. 컨설팅 받으면서 도움이 많이 되었을까요?

물론입니다. 상담을 15회 이상 받았고 스터디 모임 준비부터 기업정보, 필요한 기술 스택 정보와 자기소개서부터 면접까지 많은 도움을 받았습니다. 특히 촉박하게 프로젝트를 진행하면서 자기소개부터 지원 동기 그리고 기술 스택까지 세세하게 지도 받을 수 있었습니다. 그렇게 남는 시간 자신의 강점을 더 다듬을 수 있었고, 피드백을 통해 완성된 지문으로 면접에서 더 자신감을 얻을 수 있었습니다.

Q2. 비전공자이지만 합격할 수 있었던 이유는 무엇일까요?

처음 접하는 기술이라도 빠르게 실행해 보고 도전하는 노력이라고 생각합니다. 빠른 실행력으로 기능 구현을 위해 도입 기술 스택을 빠르게 익히고, 막히는 부분이 있을 때는 스스로 조사하거나 다른 사람들에게 도움을 요청해 꼭 문제를 해결했기 때문이라고 생각합니다.

Q3. 비전공자로 힘들었던 부분이 있다면 무엇이 있을까요?

비전공자라 따로 더 힘든 부분은 없었습니다. 다만 프로젝트를 수행하면서 동시에 취업 준비를 하는 것이 힘들었습니다. 특히 9월은 공채 기간이라 수많은 자소서를 쓰고 코딩 테스트를 보아야 했습니다. 이 스케줄을 소화하는 것 자체가 저에겐 어려웠습니다.

Q4. 금융권에 도전한 이유가 따로 있을까요?

금융 IT, 특히 신한은행은 그중에서도 가장 다양한 시도를 하고 있는 기업이기 때문에 기회라고 보았고 이에 지원했습니다.

Q5. 본인이 느낀 서류전형의 특징은?

회사는 점점 지원 동기를 중요시하는 것 같습니다. 따라서 왜 이 회사를 선택했고 나는 구체적으로 어떻게 역할을 할 수 있는지 진중하게 어필할 수 있어야 한다고 생각합니다.

Q6. 필기전형은 어떠했을까요?

자기소개서 기반의 기술 공부와 나의 역할 등을 정리하면 좋을 것 같습니다. 이에 병행한 CS 공부와 알고리즘 공부를 하는 것은 당연히 해야 합니다.

Q7. 면접전형에서 기억에 남는 것이 있다면 무엇인가요?

제가 경험한 금융 IT과 SI 면접은 짧은 시간에도 충분히 대비할 수 있다고 생각합니다. 문영란 프로님께 도움을 받는다면 더 효율적으로 준비할 수 있을 것 같습니다. 하지만 서비스 IT의 경우 꼬리 질문을 통해 지원자의 지식수준을 포괄적으로 확인하기 때문에 단시간 내 대비가 힘듭니다. 따라서 비전공자라면 평소에도 CS 공부를 하는 것을 추천 드립니다.

Q8. 독자에게 마지막으로 하고 싶은 말은?

처음에는 원래 과가 안 맞아서 컴퓨터 쪽으로 전향하고 싶었어요. 하다 보니 재밌어서 계속해야겠다 싶었는데 프로젝트 기획부터 서로 부딪혔던 기억이 나요. 처음에는 컴퓨터 자체를 이해하는 데 시간을 많이 쏟았는데, 나중에는 점점 프로젝트 구조, 그리고 일을 같이하는 사람들을 이해하는 데 시간을 쏟고 있는 것 같아요.

저는 금융쪽이다 보니 금융 도메인을 이해하고 주변 사람들의 생각이 어떤지 이해하는 데 더 많은 시간을 쏟고, 시간의 일부를 개발과 테스트에 붓는 느낌이 들어요. 의사소통이 중요하다는 말을 자소서에 매번 넣어왔지만 실제로 느꼈던 의사소통의 깊이는 제가 생각한 것 이상인 것 같아요.

커리어 면에서는 제가 어떤 개발자가 되고 싶은지, 더 나은 개발자란 어떤 사람인가 고민하고 있어요. 기술적인 깊이를 추구하는 것도 훌륭한 일이지만, 업무 자체를 더 잘 이해해서 쉽게 풀리는 경우도 있고, 사람들과 소통으로 방식을 바꾸는 방법도 있더군요.

물론 아직 저도 채워야 할 부분이 많지만 개발자로서 기술 역량에 대한 맹신보다는 개발 방식이나 가치관, 업무 이해, 그리고 협업 등등이 조화롭게 이루어질 때 더 큰 시너지가 나는 것 같다고 느끼고 있습니다. 또 IT서비스를 제외한 대부분의 기업에서 이런저런 태도를 많이 보시더라고요.

여러분들도 이러한 부분을 염두하고 개발지식과 협업에 대해 고민해 보시면 좋을 것 같습니다.

공기업 전산직
(JAVA 개발자)

한국지능정보사회진흥원(NIA), 한전KDN 전산직

먼저 IT 공기업 비개발직군과 개발 직군에 대한 다소의 이해가 필요함을 전제로 하겠다.

일단, IT공기업이라도 필요로 하는 역량에서 차이를 보이고 있으므로 처음부터 방향을 잘 잡아야 한다. 보통 개발 직군에 입사 지원을 하면 본인의 개발 역량과 이를 어떻게 발휘했는지가 중점인데, 비개발직군에서는 이러한 부분이 크게 부각되지 않는다.

당연히 개발에 대한 이해를 토대로 하고 있으면 좋겠지

만, 이것이 주된 강점이라기보다는 IT사업에 대한 깊은 이해가 PT면접에서 활용도가 훨씬 높다. 기술 역량이나 사용한 스택으로 본인의 강점을 어필하는 자기소개서 문항이 없으며, 이보다는 IT관련 본인만의 아이디어가 무엇이 있고, 이에 대한 근거가 무엇인지 제시할 수 있는 전반적인 지식이 필요하다.

반면에 IT공기업 개발 직군은 IT사업에 대한 이해도 중요하지만 본인이 직접 기여한 프로젝트와 맡은 역할, 컴퓨터 전반에 대한 지식, 개발 언어에 대해 물어보는 비중이 매우 높으므로 IT공기업이라도 이 부분에 대한 차이점을 알고 미리 준비해 두기를 바란다.

그럼 본론으로 들어가서, NIA 합격생의 경우 급하게 도움 요청을 해 온 경우로, 당장 3일 안에 면접을 봐야 하는 시점에 나를 찾아왔다. 면접도 PT 면접이며 IT 전반에 대한 자신의 생각을 토대로 개선방안을 발표해야 하는 주제였다. 잘 알지 못하는 부분에 대해 이야기해서는 추가 질문에서 어려움을 겪을 것이고, 따라서 어떻게 하면 현실성 있게 답변할 수 있을지에 중점을 두었다.

공기업 전산직은 다른 IT서비스 회사와는 다르게 직접 개발을 하기보다는 어떠한 개발을 하면 좋을지에 대한 전반적인 생각을 요구하므로 산업에 대한 이해와 방향성을 제대로 짚어낼 수 있어야 한다. 정부에서 하는 일인 만큼 현실성과 사업성을 바탕으로 공공분야에 적용했을 때의 실효성이 중요하다.

과거의 자료를 통해 장단점을 뽑고 해당 사례가 기존에 있는지 비교 분석하여 가장 적합한 대안을 제시할 수 있도록 서론, 본론, 결론으로 내용을 구성하였고, 차별화될 수 있는 키워드를 잡아주었다. 이전부터 이 회사에 대한 관심이 있어 계속 준비를 해 온 학생인 만큼 이해가 빨랐고, 짧은 시간 안에 좋은 성과를 보여 주었다.

이렇게 회사에 대한 관심과 정보를 제대로 파악하고 있는 학생에게는 발표 요령과 키워드 잡는 방법, 내용 구성만 잘 잡아주면 얼마든지 본인의 역량을 잘 발휘할 수 있다. 여러분도 가고자 하는 기업에 대한 막연한 생각만 하고 있는 것이 아니라 실제 본인의 생각을 정리하여 실현 가능성을 보여 준다면 얼마든지 승산이 있다고 이야기해 주고 싶다.

이 학생은 두 번째로 한전 KDN전산직에 입사한 경우로, 이전에도 이 회사에 다수의 학생을 보낸 경험이 있어 더 도움을 줄 수 있었다. 이곳은 다른 공기업과는 다르게 직접 개발을 해야 하는 업무 비중이 크며, 실제로 관련 인턴이나 개발 경험이 있는 학생들이 합격을 많이 했다. 이 학생은 처음 목표부터 공기업을 생각하고 있었고, 일반 공기업보다는 개발 실력을 키울 수 있는 곳을 타깃으로 준비를 꾸준히 해왔다. 특히 이전 공기업에서 인턴을 한 경험과 기관에서 맡은 역할이 많은 도움이 되었다.

아울러 직접 개발을 할 줄 안다는 점과, 전공자가 아님에도 불구하고 컴퓨터 전반 지식을 쌓기 위해 정보처리기사를 비롯하여 관련 자격증을 취득한 부분이 강점이었다. 프로젝트를 했다고 하더라도 비전공자일 경우에는 해당 지식에 대한 전반적인 이해를 어떻게 해서 적용했는지 더 까다롭게 묻는 경우가 다수 있다. 또한 처음 접하게 되는 언어가 자바보다는 파이썬인 경우가 더 많은 만큼 각 언어에 대한 이해와 차이점을 정확하게 알고 답변 준비를 성실히 해야 한다.

공기업은 특히 인성 부분에서 회사가 요구하는 인재상과

각 공기업에 맞는 답변을 할 수 있도록 지도할 필요가 있으며, 학생 스스로도 개발 역량까지 완벽하게 준비한 덕분에 합격할 수 있었다.

학부생 때 전공 성적이 낮은 경우 보통 사기업보다는 공기업을 먼저 준비하는 학생들이 많은데, 이러한 부분에서 처음부터 타깃을 잘 노리고 준비한 아주 좋은 사례이다. 여러분도 비전공이거나 학부 성적이 낮다고 고민만 하기보다는 원하는 기업을 잘 목표로 삼은 후 요구 조건을 하나씩 마련해 가기를 추천한다.

그러면 해당 학생들에게 질문을 통해 어떠한 준비를 더 하면 좋을지 들어보도록 하자.

Q1. 1차가 PT면접인데 실제로 어떻게 진행되었는지 궁금합니다.

NIA: 1차 면접 일주일 전, 주제를 주고 1시간 안에 발표 자료를 작성해서 제출해야 합니다. 이 또한 마찬가지로 IT 신기술에 대한 넓은 이해가 필요합니다

한전KDN: 면접 들어가기 전 30분간 PT 자료 작성 시간을 줍니다. (주제만 있는 형식/세부 자료 없음) 주어진 시간 활용을 잘해야 합니다. (남은 시간 있을 시 발표 지속 여부 체크함)

Q2. 준비하면서 가장 신경을 많이 쓴 부분이 있다면 어떤 측면 일까요?

NIA: 4차 산업혁명이 키워드인 만큼 전반에 대한 넓은 지식이 있어야 했습니다. 회사에 대한 전반적인 IT정보를 얻기 위해 해당 기업의 간행물을 주기적으로 읽었고, 관련 IT뉴스도 더불어 꾸준히 살펴보았습니다.

한전KDN: 회사 조사를 열심히 한 부분입니다.

예) 전기, 전력 시장에 대한 이해를 넓히고 관련 회사 기사를 키워드별로 정리하였습니다. 또한 알리오를 통한 혁신과제 및 보도자료를 꾸준히 보았습니다.

문프로 팁!!

공공기관은 혁신과제에 대한 평가를 받고 이를 어떻게 개선했는지 보고서를 통해 평가받는다. 이 부분에 대한 1년간의 노력과 결과 자료이므로 꼭 체크해 두고 자기소개서나 면접에 활용하길 바란다. 알리오 회사 사이트에 들어가서 해당 기관을 검색해서 혁신과제를 찾으면 쉽게 원하는 자료를 얻을 수 있다.

프론트엔드 : 기본기능부터 최신 기술 스택까지 실제 사례

프론트엔드 직무를 희망하는 학생들의 공통점은 가시적으로 눈이 보이는 결과물을 확인하는 것을 좋아하고 디자인 감각 또한 남다른 경우가 많다. 백엔드와는 다른 결의 개발 능력이 요구되는데, 처음에 프론트를 시작하더라도 백엔드로 직무 전환을 하는 경우도 많아 여러 방면으로 진출이 가능한 점은 동일하다.

하지만 처음 개발자를 시작할 때 프론트엔드 직무를 선택했다면 백엔드와 다른 채용 규모에 힘이 조금 빠질 수는 있다. 지원하는 분야도 제조업이나 은행 계열보다는 특히 IT

플랫폼 쪽이나 스타트업 중 유니콘 기업을 더 선호해서 채용이 있을 때까지 기다렸다가 지원한다. 그러다 보니 소수의 눈에 띄는 역량을 가지고 있는 개발자들이 채용되기 마련이다.

그러면 어떤 준비를 해야 요즘 트렌드에 맞는 개발 역량을 갖출 수 있을까? LG유플러스의 프론트엔드 직무와 토스의 프론트엔드 직무를 살펴보면서 준비 방향의 감을 잡아가길 바란다.

우선은 공통적으로 필요한 부분을 언급하고 이후에 회사의 특성에 맞는 기술, 또는 신기술에 대해서 살펴보기로 하자.

기술적인 부분에서의 공통적인 면은 HTML, CSS에 대한 이해를 기반으로 Javascript의 이해를 요구한다. 토스 또한 신입 기준으로 사용자와 시스템의 상호작용을 돕기 위해 웹 기술언어인 HTML, CSS, Javascript, WebAssembly를 활용하여 웹 브라우저 등 다양한 플랫폼과의 웹 호환이 가능한 어플리케이션을 개발할 수 있어야 한다.

여기에 부가적으로 차이점을 살펴본다면 LG유플러스는 Typescript에 대한 이해를 토대로 react.js와 Vue.js를 사용해 본 경험이 필요하며, 토스는 프론트엔드 분야뿐만이 아니라 다양한 기술 역량을 더 요구한다.

자세히 서술하자면 코어 부분에서 React, TypeScript, Next.js, 상태관리에서 React-Query, Recoil, 스타일링에서 Emotion, 빌드에서 Webpack, ESbuild, SWC, babel, 마지막으로 여기에서 CI/CD를 위해 GitHub Actions를 다룰 수 있는 사람을 선호한다.

설명이 여기까지에 이르면 여러분이 눈치를 챘을지도 모르겠다. 프론트엔드라고 해서 이 부분에 대한 역량만을 요구하는 것이 아니다. '뭐지, 이건 백엔드에서도 하는 건데?' 이런 생각이 먼저 들 수도 있다. 즉 업무를 하는 데 있어 프론트엔드에서 요구하는 개발 및 배포를 기본으로 하되 웹 서비스가 배포되는 환경을 설계하고 안정적으로 운영할 수 있어야 한다.

처음 웹 관리 프로젝트를 하거나 관련 공부를 하고 개인

프로젝트에 도전할 때 백엔드, 프론트엔드 하나의 기술만으로는 웹을 제대로 개발할 수 없다. 즉, 어느 한 영역을 잘하면서 다른 영역의 기본적인 기술을 이해해야만 하나의 완전한 웹 서비스를 할 수 있다.

웹 서비스의 성능을 분석하고 공통 라이브러리를 효율적으로 협업할 수 있는 역량이 추가로 요구된다. 그래서 프론트엔드 개발을 처음에 준비하면서 필요한 기본 개발 기술과 언어를 배우는 학생들도 이후에 백엔드와 협업 시 서로 자료를 주고받을 때의 특징을 이해하기 위해 이 부분에 대한 공부를 하게 된다. 즉 협업을 하면서 자연스럽게 학습할 필요성을 느끼게 되고, 서로의 직무를 이해시키는 과정에서 흥미를 느끼며, 다른 직무에도 도전하게 되는 것이다.

특히 프론트엔드 직무는 백엔드 직무보다는 공급이 적다 보니 조금 미안한 생각이 들지만 백엔드적인 이해도 별도로 함께 공부하기를 권한다. 하지만 실제로 공부를 하면서 더욱 협업이 잘되고 진출 범위도 넓힐 수 있기 때문에 더 효율적인 방법일 수 있다.

게다가 프론트엔드는 신기술에 대한 공부가 선행되어야 하며 요즘 트렌트에 맞는 기술을 도입해 볼 수 있는 개발자를 선호한다. 메타버스나 VR, AR 기술이 뜨는 트렌드라면 이에 걸맞는 기술을 시도해 볼 수도 있어야 한다. 한 예로 three.js 신기술을 도입하여 평면적으로 전달했던 이미지를 웹 브라우저에서 3차원 컴퓨터 그래픽스 애니메이션 응용이 가능한 JS라이브러리를 사용한다면 자신만의 차별화된 무기가 될 수 있다.

또한 Next.js을 사용해 본다면 이것도 강점이 될 수 있다. 토스의 채용 요구 조건에서도 보았겠지만, 요즘은 이전 프레임워크의 단점을 극복할 수 있다면 도입해 보면서 장점을 취해야 한다.

Next.js는 React 라이브러리의 프레임워크로 React의 단점을 극복하였다.

간단하게 설명하자면, 기본적으로 React는 웹사이트를 요청했을 때 빈 html을 가져와 script를 로딩하기 때문에, 첫 로딩 시간도 오래 걸리고 Search Engine Optimization(SEO)에 취약하다는 단점이 있다.

반면, next.js는 pre-reloading을 통해 미리 데이터가 렌더링된 페이지를 가져올 수 있게 해주므로 사용자에게 더 좋은 경험을 주고, 검색 엔진에 잘 노출될 수 있도록 해주는 SEO에서도 장점을 얻을 수 있다.

이러한 장점을 가진 next.js와 새로운 신기술인 three.js를 사용한 프로젝트가 있다면 자신만의 강점이 되지 않겠는가? 다른 직무보다 이러한 새로운 기술 내용을 더 넣은 이유는 특히 프론트엔드 직무에서는 사용자의 편리성과 좋은 이미지를 줄 수 있는 기술을 시도하고 개선, 사용할 수 있어야 하기 때문이다. 자신이 개발하고 싶은 영역의 프로젝트를 하는 개발자들이 실제로 많고, 실용성이 떨어지는 개발은 회사에서 필요로 하지 않는다. 이러한 실용성이 가장 두드러진 직무가 프론트엔드이기 때문이다.

자신만의 고집이 있고 해 보고 싶은 부분이 있더라도 그것보다는 사용자가 요구하는 편리한 화면구성과 쉽게 찾을 수 있는 검색, 이미지에서도 눈에 띄는 기술을 적용한 화면 구성이 더 중요한 개발 역량이 될 수 있다. 그래서 포트폴리오를 구성할 때도 이러한 부분을 부각하는 내용이 필요하다.

백엔드에서는 자신의 개발 스킬과 명확하게 드러나는 기술 스택의 난이도 및 구현 과정을 잘 설명해야 된다면, 프론트엔드는 본인이 개발한 웹이나 앱 화면을 어떻게 표현했는지 포트폴리오나 깃에 제대로 드러내야 한다. 표현한 부분을 통해 바로 능력이 검증되는 직무이며 상용화하면서 본인의 웹을 어떻게 개선해 왔는지도 비교할 수 있기 때문에 더욱 역량이 확연히 드러날 수 있다.

공통적으로 눈에 보이는 가시화된 부분을 좋아한다는 표현이 이 부분을 두고 한 말이라고 할 수 있다. 지금까지 이야기한 공통적인 개발 역량과 회사마다 요구하는 추가된 역량, 거기에 신기술과 트렌드에 민감한 개발자라면 이 직무를 선택하는 것을 추천한다.

채용이 적더라도 이 분야에 대한 확고한 자신감과 디자인에 대한 타고난 감각이 있는 분이라면 이 직무를 선택하는 것이 당연 옳은 결정이다.

현대자동차 내비게이션 직무

김○○ 현대자동차 인포테인먼트 시스템 개발 (내비게이션 개발) / 농협은행 5급 동시 합격

이 학생은 전자공학부로 반도체를 전공했으며, 개발자의 꿈을 안고 IT직무에 도전하였다. 도전한 회사는 현대자동차와 농협이며, 원하는 두 회사에 동시에 합격하는 성과를 얻었다.

이 학생의 합격 비결은 하고 싶은 일에 대한 열정과 자신감이었다. ○○ 부트 캠프에서 1학기 동안 알고리즘 공부에 집중하였고, 처음 접하는 지식이라도 열심히 하고자 하는 의지와 끈기가 있었다. 보통 비전공반이면 전공이 아니라는 불안감으로 인해 자신감이 없거나 취업에 대한 준비를 2학기 프로젝트가 끝난 뒤로 미루고 하지 않는 학생들이 꽤 있다.

하지만 이 학생은 알고리즘 공부와 컴퓨터 전반의 지식을 접하면서 잘할 수 있다는 자신감을 스스로 얻었고 취업 준비를 하면서 부족한 부분을 점검해 나간 학생이다.

은행권과 현대자동차에서 요구하는 자기소개서 작성법과 면접 스킬을 2학기가 시작하자마자 도움받았고, 특히 자기소개서 문항이 요구하는 스킬과 기업 특성에 맞는 답변 스크립트 작성을 중점적으로 도와주었다.

합격 비결을 두 가지로 요약하자면, 첫 번째는, 100% 일치하는 전공이 아니더라도 스스로 노력해서 얻은 코딩 능력임을, 그리고 지원 회사의 직무에 대한 깊은 관심을 서류와 면접 때 적극적으로 어필한 점이다. 두 번째는 학부 시절부터 성실하게 공부해 온 이력과 학점, 그리고 졸업 이후에도 자기계발을 끊임없이 해 온 점이다.

누구나 쉽게 말할 수 있지만 실천하기 어려운 지속적인 꾸준함, 하고자 하는 열의, 적극성의 3가지를 동시에 가지고 있는 학생이다.

여러분도 신입에게 특히 요구하는 기본 역량 3가지만 있다면 원하는 두 기업에 동시 합격하는 기쁨을 맛볼 수 있을 것이다.

그럼 질문을 통해 어떻게 합격할 수 있었는지 학생의 이야기를 들어보자.

Q1. 컨설팅 받으면서 도움이 많이 되었나요?

자기소개서 첨삭 및 컨설팅을 같이 받았고 지원 기업에 대한 정보와 면접 후기를 통해 원하는 기업에 동시에 합격할 수 있었습니다.

Q2. 자료는 어디에서 주로 얻었나요?

기업 분석이 힘들었는데, 해당 기업의 홈페이지, 공식 기사, 외부 기사를 모두 찾아보며 사업을 정리했습니다. 그 과정에서 기업의 가치 또는 비전을 나의 경험과 연관시켜 면접 때 어필하고자 했습니다.

Q3. 본인이 느낀 서류전형에서 고려한 부분이 있다면?

자기소개서 문항은 총 두 문항으로 간단했으며, 꼭 전공이 지원 분야와 일치해야 하는 것은 아닌 것 같습니다. 전공이 달라도 어떤 것을 배웠는지, 그것이 회사에 어떤 도움이 될지를 생각해서 적으면 될 것 같습니다.

Q4. 코딩테스트에서 알려주고 싶은 한 가지는?

코딩테스트의 경우 난이도는 높았으나 시간초과가 날 수 있는 문제는 없었습니다. BFS, DFS를 기본적으로 알고 있어야 하고 구현 문제에 대한 연습이 필요할 것 같습니다.

Q5. 특이사항이 더 있다면 ?

특이사항 : 전반적으로 면접 시 편안한 분위기를 만들어 주십니다. 1분 자기소개는 1차 면접, 2차 면접 모두 하지 않았는데, 형식적인 것보다는 대화하면서 알 수 있는 것들을 더 중요하게 여기는 것 같습니다.

AI면접 : 밝은 표정과 답변하는 태도가 중요하다고 느낌
1차(직무면접) : 다대일로 진행/사전에 제출한 포트폴리오를 발표하고, 그에 대한 질의응답으로 진행/심도 있는

질문 난이도

2차(종합면접) : 다대일로 진행/프로젝트에 대한 깊은 이해도와 회사에 대한 관심 및 직무에 대해 구체적으로 질문함

Q6. 합격의 열쇠는?

- 본인이 참여한 프로젝트에 대해 얼마나 잘 파악하고 있고 설명할 수 있는지.
- 가고자 하는 기업에 대해 분석하고 지원한 부서에서 하고 싶은 일을 정해서 어필하는 것.
- 코딩테스트 문제를 모두 풀고 주석을 달아 코드에 대한 이해를 쉽게 하는 것.

Q7. 예비개발자인 독자에게 하고 싶은 말은?

비전공자로서 취업 준비를 시작할 때 불안한 마음이 컸는데, 실제로 코딩테스트를 치고 면접을 보니까 전공이 다른 것은 전혀 문제가 되지 않았습니다. 하고자 하는 열의면 충분합니다.

넥슨코리아 PM/ 한국우주항공(주) ICT 기획

꼭 개발자가 아니더라도 개발에 참여할 수 있는 직무. PM, ICT 기획!

두 직무에 지원하여 합격한 학생들은 직무 선택의 첫 번째 걸음인 코딩 시험에서부터 어려움이 있었다. 여러분도 개발이라는 직무를 선택하고 관련 역량을 마련하고 계시겠지만, 사실 준비과정에서 프로젝트를 통해 기술 스택 활용 역량은 학습을 통해 충분히 키워나갈 수 있다. 하지만 이 과정에서 제일 어려운 부분은 코딩 역량이 생각처럼 눈에 띄게 발전한다고 하기 어렵다는 점이다. 실제로 이 직무를 잘

할 수 있을까 하는 고민을 누구나 한 번은 하게 되며, 컨설팅을 하면서도 해당 고민으로 나를 찾아오는 경우가 빈번하다. 이 고비를 잘 넘기면 향후 개발을 하는 데 자신감을 가지고 목표대로 해 나갈 수 있는 토대가 될 수 있다.

흔히 말하는 '찐' 개발자보다는 다른 직무를 고민하게 되고 선택권 안에 있는 직무가 IT기획과 PM직무다. 즉 개발을 직접 하기보다는 개발프로세스에서 관련 서비스를 어떻게 만들지를 기획하거나 전체적인 계획과 더불어 기획팀, 개발팀, 고객을 상대로 전체 목표를 관리하는 역할을 고민하게 되는데, 이에 관한 해당 직무가 PM과 IT기획이다.

PM직무로 합격한 학생은 학부생 때부터 연구실에 있었고, 인공지능이나 딥러닝 등 신기술에도 관심이 많아 해당 지식을 활용하여 프로젝트를 2개 이상 한 경험이 있었다. 특히 리더십이 뛰어나 본인이 하고자 하는 부분에서 적극적으로 아이디어를 내고 성과를 창출하는 데 있어 성취감을 크게 느끼는 학생이었다.

하지만 프로젝트 경험이 충분히 있음에도 불구하고 알고리즘 공부나 코드를 짜고 계속 개선하는 데 흥미가 적었고,

신기술을 탐구하고 새로운 서비스를 기획하며 사람들과 협업하는 부분에서 보람을 더 느꼈다. 이러한 이유로 본인의 진취적인 성향에 맞는 PM직무에 관심을 가지고 나를 찾아왔다.

PM직무는 전체 개발 과정을 경험해 본 이력이 풍부해야 하며, 또한 개발 과정에 필요한 사람들을 잘 통솔하고 업무상 어려움이 없도록 도와주는 역할을 해야 한다. 그렇기 때문에 컴퓨터공학과가 아니더라도 지원이 가능하며, 경영학과나 산업공학 등 타 전공자도 지원을 할 수 있는 영역이다.

하지만 근래에는 개발자가 실제 개발에서 어려움을 호소하는 부분이나 현실적으로 적용이 어려운 여부를 같이 고민할 수 있는 PM을 찾다 보니 직접 프로젝트를 진행해 본 경험이 있고 IT전공자 수준으로 개발자와 대화가 원활히 가능한 지원자를 선호하는 방향으로 바뀌었다.

이 학생이 실제 면접을 볼 때도 경쟁자인 경영학과 학생과 같이 면접을 보았고, 개발에 필요한 비용적인 부분도 고려해야 하는 부분에서 경영학적, 재무적 지식을 강점으로 답변하였다고 한다. 그런데 예전이라면 이런 부분이 더 돋보일 수 있었겠지만, 지금은 기획자, 개발자가 유저의 요구대로 개발을 할 때 어려움을 같이 공유하고 해결해 나갈 수 있는 PM을 더 선호하다 보니 이 학생이 해당 조건에 특히 부합하는 능력을 보유하여 합격할 수 있었다.

두 번째 케이스로, ICT기획 직무로 한국항공우주산업주식회사에 간 학생은 경영학과를 전공하고 컴퓨터를 부전공하였다. 이 학생도 정보처리기사 자격 사항이나 프로젝트 경험을 모두 보유하고 있었지만, 코딩을 계속해야 하는 개발자의 일이 본인과 잘 맞지 않고 실제 코테 실력이 크게 향상되지 않아 고민하고 있었다. 취업준비에서는 코테 시험을 준비하는 것보다 기획업무(코테응시가 없는)에 지원을 하면서 기술 스택이나 CS 공부에 더 집중하여 면접을 대비하였다. 가지고 있는 이력도 은행에서 고객서비스 향상을 위해 아이디어를 내고 진취적인 성격이라는 점에서 개발보다 기획 쪽으로 자기소개서를 서술하여 본인의 강점을 더 어필하도록 하였다.

카이(KAI)의 ICT기획직무는 본인이 가지고 있는 역량을 PT면접을 통해 점검하고 해당 면접자가 개발자인 만큼 개발 관련 지식을 점검하는 1차 면접과, 회사에 어울리는 사람인지를 점검하는 절차로 이루어진다. 실제 이 회사에 이전에 3

명 이상 취업을 시킨 사례가 있어 미리 준비할 수 있었고, 회사의 가치관에 부합되는 답변이 될 수 있도록 모의면접을 3회 이상 진행하였다.

그럼 질문을 통해 PM과 IT직무에서 어떠한 준비를 해 왔는지 학생별로 하나씩 알아보겠다. 먼저 넥슨에 PM직무로 합격한 학생의 이야기다.

Q1. 컨설팅 받으면서 도움이 많이 되었을까요?

처음으로 자기소개서와 면접을 준비하면서 어려움을 많이 느낀 부분이 있었습니다. 기업에서 원하는 내용으로 구성하는 법을 배웠고 강점과 지원동기를 어떻게 작성해야 하는지를 배울 수 있어 합격할 수 있었습니다.

Q2. PM직무에 도전한 이유가 따로 있을까요?

사람들과 같이 어울려서 하는 것을 좋아하고 실제로 팀장을 많이 맡아서 하면서 팀원들과의 의견 조율이나 아이디어를 내는 부분에서도 상당한 기여를 하여 성취감을 느낀 점이 많았습니다. 특히 IT지식을 바탕으로 커뮤니케이션할 수 있는 부분이 크다고 생각하여 도전하였습니다.

Q3. 서류전형에서 특히 고려한 부분이 있다면?

PM직무와 특히 이 기업에 지원한 동기 부분을 차별성 있게 적기 위해 노력하였습니다.

Q4. 사전 과제에서 기억에 남는 것이 있다면 무엇인가요?

사전 과제가 두 개가 주어졌고, 하나를 선택하고 제출하여 통과된 학생에 한해 면접을 준비할 수 있었습니다. 실제 사전 과제를 선택하는 부분에서도 프로님과 상담을 하였고 IT적인 역량을 어필할 수 있는 부분으로 합격할 수 있었다고 생각합니다.

Q5. 개발자가 아닌 PM을 준비하는 학생들에게 하고 싶은 말이 있다면?

스스로 사람들과 협업하는 데 강점을 지니고 있고, 프로젝트를 목표에 맞게 잘 이끌어간 경험, 그리고 기획과 개발 사이에서 조율하는 역량이 있다면 PM직무를 선택하는 것을 추천합니다. 실제로 면접에서도 개발지식을 물어보기보다는 어떻게 사람들과의 갈등 상황을 잘 조절하고 해결해 나갔는지와 개발 시 이슈를 잘 해결한 경험을 물어보기 때문에 이 부분을 잘 준비하시면 좋겠습니다.

두 번째로 한국항공우주산업주식회사에 IT직무로 합격한 학생의 인터뷰이다.

Q1. 컨설팅 받으면서 도움이 많이 되었을까요?

이전에 최종 면접에서 떨어진 경우가 있어 컨설팅으로 면접에 도움을 많이 받았습니다. 특히 PT면접준비와 시연 피드백을 통해 부족한 부분을 많이 채울 수 있었습니다.

Q2. 면접에서 특히 고려한 부분이 있다면?

PT자료를 만들고 주어진 시간 내에 발표하는 연습을 많이 하였습니다. 또한 컨설팅을 받으면서 주어진 주제에 맞게 답하기 위해 답변을 잘 정리하는 연습 또한 할 수 있었습니다.

Q3. 사전 과제에서 기억에 남는 것이 있다면 무엇인가요?

사전 과제는 2개가 주어지며 어떠한 부분인지 공개는 어렵고, 둘 다 IT역량을 점검하는 내용이었습니다.

Q4. 개발자가 아닌 IT기획을 준비하는 학생들에게 하고 싶은 말이 있다면?

본인이 잘하는 역량을 키워나가는 것을 추천합니다. 코딩 역량보다 개발이나 기획, IT지식에서 강점을 어필할 수 있다면 IT기획 직무를 추천하며, 개발자와 함께 협업이 가능한 능력을 어필한다면 충분히 합격할 수 있으리라 생각합니다.

마지막에 하지 못한 말을 해 보라는 질문에서 여기서 꼭 일하고 싶은 열정을 보인 부분이 합격의 열쇠였던 것 같습니다.

문프로 팁!!

이 학생은 처음 만날 때부터 자신감이 부족해 있었고 또한 취업 준비 과정 자체에서 많이 지쳐 있었다. 게다가 합격한 회사 또한 당초의 채용인원이 최종 1명이었고, 이 부분에서 본인이 될 수 있을까 하는 걱정이 먼저 있었다.
그래서 특별히 면접 준비에서 자신감을 가지고 할 수 있도록 준비를 더 철저히 시켰고, 1차 PT부터 본인의 기여도와 IT역량을 최대한 어필하도록 준비하기 위해 밤 11시가 넘도록 컨설팅을 해주었다.
모의면접을 최대한 많이 하면서 자신감을 키웠고 회사에서 요구하는 컬처핏에 맞는 답변 요령을 준비하여 원하는 직무에 합격할 수 있었다. 여러분도 이처럼 면접에 대한 철저한 준비만 있다면 자신감 있게 본인이 원하는 직무에 합격할 수 있을 것이다.

```
<!DOCTYPE html>
<html lang="en">
<head>
  <title>My perfect website</title>
  <meta charset="utf-8" />
  <link rel="preconnect" href="//s3.mysite.com" />
        <link rel="preconnect" href="//www.mysite.com" />
  <meta name="viewport" content="width=640, initial-scale=1">
                    <script>
                    var mytag = mytag || {};
                    mytag.cmd = mytag.cmd || [];
                    (function() {
                            var gads = document.createElement('script');
                            gads.async = true;
                            gads.type = 'text/script';
                            var useSSL = 'https:' == document.location.protocol;
                            gads.src = (useSSL ? 'https:' : 'http:') + '//www.mytagservices.com/tag
                            var node = document.getElementsByTagName('script')[0];
                            node.parentNode.insertBefore(gads, node);
                    })();
                     mytag.cmd.push(function() {
                                                      var homepageSquarySizeMapping = mytag.
                                        addSize([945, 250], [200, 200]).
                                        addSize([0, 0], [300, 250]).
                                        build();
                              mytag.defineSlot('/1023782/homepageDynamicSquare', [[300, 250], [
```

</ 5장 >

합격생의 포트폴리오 & 자기소개서, 면접 노하우

무엇을, 어떻게 기술해야 하나?

포트폴리오를 들고 오는 개발자들의 보면 그 내용이 천차만별이다. 보면서 기겁한 것이 한두 번이 아니다. 실제로 코딩이 제일 쉽고, 프로젝트로 여러 개의 상을 수상한 너무도 뛰어난 개발자인데, 적어온 내용을 보면 진짜 미치고 팔짝 뛰고 싶다는 말이 이때 나온다.

본인의 역량을 제대로 기술하지 않은 탓에 어디를 보란 말인지 알 수가 없다. 서술이 조금 흥분된 것 같지만, 실제로 이때가 가장 안타깝기 때문이다. 지금까지 공들인 시간과 노력을 증명해야 하는 직업이 개발자인데 이 부분을 못 해서 서류에서 떨어지는 어처구니없는 일이 실제로 많다.

여기서는 간단하게 포트폴리오에서 요구하는 핵심을 짚어 놓을 테니 자신의 포트폴리오를 보고 무엇이 문제인지 찾아 나가길 바란다.

일단 신입 기준의 포트폴리오는 내용이 길게 서술될 필요가 없다. 많은 프로젝트를 했더라도 자신의 역량을 대표할 수 있는 2~3개의 내용만으로 승부를 볼 수 있다. 즉 많은 내용을 열거하기보다는 잘하는 한 분야를 선택해서 강점을 보여주는 것이 좋다는 말이다.

내용 구성에서도 처음 시작할 때 자신이 어떤 개발자인지 밝히고 들어가야 한다.

그러면 자기소개서처럼 길게 내용을 서술해야 하나? 당연히 안 된다! 자신을 소개하는 내용은 자신이 어떤 개발자이고 무엇을 중요시하면서 개발을 해 왔는지 핵심을 적으라는 말이지, 성장 과정처럼 자신의 개발 과정을 다 옮겨 적으라는 말이 아니다. 본인을 드러내는 키워드를 잡고 해당 부분에 대한 서술만 있어도 충분히 작성할 수 있다. 그리고 우리가 이력서에 사진을 넣듯이 자연스러운 본인의 사진을 같이 첨부해야 한다. 덧붙여 그동안 준비해 온 지식이나 프로젝트 내용이 담긴 깃이나 노션, 블로그 주소를 추가해 놓자.

두 번째로, 이력서처럼 학력, 경력 등이 들어가지만 순서는 제각각이다. 회사에서 궁금해하는 내용을 먼저 넣으면 된다. 그럼 당연히 경력이다. 그러나 신입일 때에는 경력이 없으므로 학력과 경력은 맨 뒤에 기술해도 된다.

그런 뒤 자신의 핵심 스킬을 적어 나가야 한다! 거기에 어떠한 언어를 주로 사용하는지도 같이 넣어야 하는데, 여기에 더불어 언어에 대한 역량을 증명할 수 있는 수준을 같이 언급해야 하며, 이러한 역량을 세부적으로 어떤 기술을 사용하면서 얻게 되었는지도 설명하면 좋다.

그다음으로 자신의 어필할 수 있는 프로젝트를 기재해야 한다. 프로젝트에 수상을 한 부분이 있다면 따로 빼서 수상한 부분을 기재하기를 추천한다.

프로젝트가 무엇인지 처음 보는 사람도 바로 알 수 있게끔 간단하면서도 핵심이 들어간 내용으로 작성해야 한다.

즉 프로젝트 개요, 개발 인원, 기간, 본인이 맡은 역할과 개발환경을 적어야 한다.

그런 뒤 본인이 구현한 기능을 서술하는데, 기능만 서술해서는 본인의 역량을 제대로 확인할 수 없으므로 어떤 기술을 사용해서 무엇을 구현했는지도 세부 기능 구현으로 작성해 놓자.

또한 프로젝트는 개인 프로젝트도 있지만 6인이나 4명 이상 같이 하는 경우가 더욱 많다. 이런 경우에는 팀원마다 어떠한 부분을 배웠는지 프로젝트가 끝난 뒤 꼭 리팩토링을 하기를 추천하며, 이를 토대로 개선이 가능했던 부분까지 적으면 더욱 좋은 내용이 될 수 있다.

아울러 이때 배운 점과 느낀 점도 같이 기재해 주길 바란다. 시각적으로 필요한 내용은 첨부해도 되고 포트폴리오 내용이 너무 길어지는 것은 좋지 않으므로 노션이나 깃에 시각적인 부분을 같이 업로드해 두어 쉽게 이해가 되도록 해 두어야 한다.

가장 중요한 내용은 자신의 개발 실력을 가늠할 수 있는 주요 이슈나 해결 사항인데, 이를 기재한다면 직무적 역량을 더욱 잘 설명할 수 있다. 그러므로 프로젝트에서 시도했던 내용에 대해서 잘 기재해 놓아야 하며 다른 기술들과도 비교하여 정리를 해 놓기를 추천한다.

그리고 여러 기술을 다루어 본 프로젝트보다는 하나의 기술을 제대로 이해하고 활용한 범위와 이슈 처리 능력이 중요한 만큼 이 부분에 공을 들이길 바란다.

개발을 준비하는 개발자라면 깃허브 사용이나 노션 관리법은 필수로 알고 있어야 하며 본인의 지식을 블로그에 남겨 놓으면서 성실성을 증명해 두는 것도 좋은 방법이다.

6개월 이상 공들인 소중한 프로젝트 내용을 면접관이 보고 싶은 내용으로 구성하는 스킬을 익히길 바란다. 깃허브에 대해서 더 알고 싶은 경우 내 블로그에 찾아와 내용을 더 찾아보아도 좋다. 일부러 블로그에 내용을 정리해 두었으니 참고하길 바란다.

포트폴리오 구성 예제 :
꼭 들어가야 하는 포트폴리오 내용

간단한 자기 소개
나는 어떤 개발자인가?
깃허브/기술블로그/노션(프로젝트기록을 보여 줄 수 있는 내용)
기술 스택 : BE/FE/DevOPS

언어 : 주요 사용 언어별로 상중하로 기재/ 본인이 구현해 본 기술로 상중하 선택

주요 프로젝트 기재(모든 프로젝트를 기재하기보다는 본인의 역량을 가장 잘 보여줄 수 있는 프로젝트 제시)

프로젝트 명 :

프로젝트 개요/목표 :

기간/인원 :

개발환경 :

기능 구현 :

역할 :

세부 기능 구현 :

성과 :

배운 점/느낀 점 :

(아래 부분은 처음에 기재하여도 되고 맨 뒤에 적어도 무방하다.)

학력 :

교육과정 :

자격 사항 :

수상 내역 :

IT서비스 기업 합격 자기소개서의 비밀 엿보기

기존에 나와 있는 자기소개서 면접 관련 책들이 많고, 이 책은 개발 직무와 기업별 준비사항이 주된 내용인 만큼 이 부분은 간략하게 서술하겠다.

그러면 우선 자기소개서 작성 노하우부터 짧게 이야기해 보겠다. 개발자를 뽑는 자기소개서는 다른 직무와 무엇이 달라야 하는지 차이점을 간단히 기술해 보자면, 첫 번째로, 개발 역량을 보여 줘야 하는 만큼 미래지향적인 단어나 추상적인 생각보다는 능력을 발휘한 구체적인 상황을 서술해야 한다.

여기서 말하는 미래지향적인 단어란, 예컨대 4차 산업혁명이라는 단어를 반복 사용하지만 정작 관심 분야에 대한 구체적인 설명이 없다든지, 개발 범위를 넓게 잡고 IT개발 전반의 발전 가능성에 이바지하고 싶다는 추상적인 말로 끝을 맺는 경우를 말한다. 실제로 찾아오는 대다수가 이렇게 적어오는 경우가 많기 때문이며, 본인의 자기소개서를 살펴보았을 때 이런 부분이 있다면 다시 재작성할 필요가 있다.

두 번째로, 본인이 지원하는 직무에 대한 이해를 기반으로 서술해야 한다.

사실 회사에서 어떠한 일을 맡게 될지는 정확하게 알지 못한다. 그렇다고 '어떤 일이든 열심히 하겠습니다'는 더 옳지 못하다. 지금까지 준비해 온 것이 무엇이고, 이를 어떻게 발전시켜 왔는지 이야기해야 하며, 기반 직무가 무엇이었는지, 그에 맞게 연관시켜 서술해야 한다.

이렇게 이야기하면 말은 쉬워도 실제로 개발을 준비하는 학생들이 제일 힘들어하는 부분인데, 여유가 있다면 이 책 이후 합격한 자기소개서를 토대로 한 다른 책을 출간해 구체적인 설명을 보완할 생각이다.

세 번째로, 일관성 있는 자기소개서가 되어야 한다. 많은 기술 스택을 사용하고 여러 프로젝트를 하면서 개발 역량을 키워 왔다는 것을 강조하는 것은 좋다.

하지만 신입 기준에서 이러한 서술이 좋을까? 우선 회사에서는 이러한 개발 역량을 갖추었다는 것을 믿지 못할 가능성이 더 높다.

실제로 AI 관련 개발을 하고 해당 공모전이나 프로젝트를 해 온 학생이 있다. 하지만 지원하는 직무는 백엔드인데, 강점 역량이 대부분 AI 관련 내용이라면 면접관이 어떻게 생각할까? 당연히 의문을 갖는다. 도대체 무엇을 이야기하고 싶은지, 그래서 백엔드로 왔다가 AI 쪽으로 가겠다는 말인지, 그럼 왜 이 직무에 지원했는지 더 혼란스럽다.

학부생 때부터 또는 인턴이나 개발 과정에서 다양한 경험을 해 온 학생들이 생각보다 많으며, 차별화된 역량을 강조하기 위해 지금도 다양한 경력을 마련하고 있을 것이다. 하지만 회사 입장에서는 다양한 역량도 좋으나 지금 당장 해당 개발 부서에서 일할 수 있는, '즉시 전력'이 될 개발자를 뽑고 싶어 한다.

따라서 뚜렷하게 한 가지를 꾸준히 해 온 이력을 통해 개발 실력을 평가할 수 있다. 그러므로 지금도 다양한 개발 이력만을 만들고 있는 독자가 있다면 본인이 꾸준히 쌓아온 강점 역량이 무엇인지를 다시 생각해 보고 이 부분에서 부족한 역량을 키워 나가기를 추천한다. 그러면 전체 자기소개서 내용도 일관성을 갖추게 되고, 면접관도 해당 부분의 성실함을 인정해 줄 것이다.

IT서비스 기업 면접 노하우

개발자라면 실력으로 승부해야지!

맞다! IT서비스 기업이라면 당연 실력이다. 이건 직접 개발을 해 보지 않았다면 할 수 없고, 알고리즘 역량이 토대가 안 되면 갈 수도 없는 단계다.

회사마다 조금씩 다르겠지만, 면접의 종류를 크게 둘로 나누면 직무(기술) 면접과 컬처핏(인성) 면접으로 나눌 수 있다.

첫 번째로 기술 면접은 본인이 한 프로젝트 내용이나, CS 질문, 기술 스택, 기술구현 과정, 또는 관심 있는 신기술이나 해당 부분에 대한 이해도를 점검하는 과정이다. 난이도는 회사마다 다르며 물어보는 수준도 다르다. 그렇지만 직무마다 물어보는 기본적인 기술 면접 기출은 있으며, 이를 토대로 하여 CS 지식을 추가적으로 공부해 두면 좋겠다. 또한 기술 블로그를 통해 회사의 관심 기술에 대한 전반적인 이해를 해 두어야 한다.

사실 면접관도 자신이 궁금해하고 개발하고 있는 부분에 대해 물어 볼 수 있으며, 문제를 내고 이를 풀어나가는 과정을 보면서 개발 역량을 점검한다. 여기서 더 나아가 손 코딩이나 실제 코딩한 부분을 보고 어떻게 접근했는지, 다른 방법은 없었는지 물어볼 수 있으며, 코드 리뷰를 하면서 구체적으로 점검하는 방식으로 면접이 진행된다. 들어만 봐도 힘들겠다는 생각이 들 것이다.

하지만 좌절하기보다는 이러한 대비를 위해 미리 코딩스터디나 개인 공부 때에도 코드 리뷰를 해 보는 습관을 자주 해야 하며, 클린 코드에 대한 자신만의 방법을 만들어 놓길 바란다. 코딩테스트 후에는 바로 문제를 복귀해 놓고 어떻게 접근했는지, 그렇게 접근한 이유와 다른 추가 방법까지 기술해 놓아야 면접에서 당황하지 않고 이야기할 수 있다.

두 번째로, 컬처핏은 인성 면접과 비슷한 부분이 있다. 개발 시 어떤 기질을 보이는지 알아보는 과정과 실제 회사의 개발 주기에 잘 적응할 수 있는지도 중요하다.

특히 IT서비스 회사는 모든 정보를 공유하면서 최신 기술과 개발 노하우를 같이 만들어 가는 형태가 많다. 즉, 정보를 공유하는 방법과 실제 협업을 하는 개발 과정에서 어려움이 없는 사람을 뽑으려고 한다. 실제로 면접 질문도 협업 시 갈등 상황이 없었는지, 또는 팀장으로 팀원들에게 강요를 하거나 높은 열정으로 팀원들을 힘들게 하는지 않았는지 등에 대한 압박 질문을 통해 우리와 함께 갈 사람인지를 점검한다.

개발 주기가 빠른 스타트업일 경우에는 열정을 더욱더 중요하게 생각하며, 도전하면서 역량을 키워나갈 수 있는 자신만의 경험이나 공부 방법이 있는지를 알아보고 검증하는 질문들이 주로 제시된다.

이 글을 읽는 여러분도 자신이 이러한 IT서비스에 맞는 개발자인지 다시 한번 생각해 보기를 바라며, 자신의 개발 능력과 기질에 따라 어떠한 회사가 더 맞을지 고민해 보고 취업의 방향을 잡아나가길 바란다. (여기 기술한 기업들은 네카라쿠배당토를 중점으로 서술하였다)

북큐레이션 • IT 기술 경쟁시대의 동반자가 될 라온북의 책

《당신도 오늘부터 IT기업 개발자》와 함께 읽으면 좋을 책.
IT 기술 경쟁력이 당신의 미래를 장밋빛으로 만듭니다.

매출을 올리는 데이터 사이언티스트

김도환 지음 | 16,000원

AI, 빅데이터로 매출 10배 올리고 싶은 이들을 위한 비즈니스 전략서

《매출 올리는 데이터 사이언티스트》는 현업에서 일하고 있는 저자의 실제 사례와 자료 조사를 통해 기업이 진정으로 원하는 데이터 사이언티스트에 대해 전반적으로 다룬다. 또한 기업이 데이터 사이언티스트와 협력하기 위해 기본적으로 알아야 할 AI에 대한 지식과 활용법, 비즈니스를 성공적으로 이끄는 유능한 데이터 사이언티스트의 핵심 역량을 담고 있다.

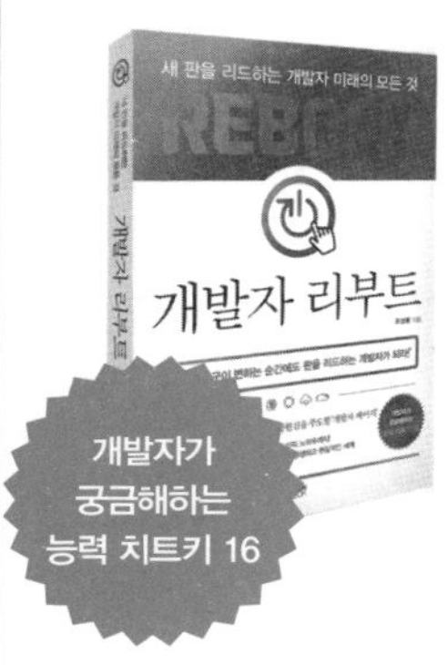

개발자 리부트

조성룡 지음 | 18,000원

모든 직업군이 변하는 순간에도 판을 리드하는 개발자가 돼라!

판이 바뀌는 시대에 개발자의 본질과 삶을 시니어 개발자의 눈으로 절실하게 털어놓은 책이다. 아울러 급변하는 세상에서 치열하게 고민하는 현재진행형 개발자의 인사이트를 담고 있다. 개발자로서 갖춰야 할 소통법과 기능 구현 그리고 이직 노하우까지! 개발자를 꿈꾸는 사람들과 개발자의 진로를 고민하는 현직 개발자들 마지막으로 진짜 행복한 개발자를 꿈꾸는 이들에게 추천한다.

디지털 노마드

권광현, 박영훈 지음 | 15,000원

4차 산업혁명 시대를 사는 신인류들이 언제 어디서든 원하는 만큼 일하며 사는 법

월 수익 1,000만 원 이상을 버는 저자들은 '디지털 노마드'가 무엇인지와 어떻게 디지털 노마드로 살 수 있는지 자세한 방법을 이 책에 담았다. 디지털 노마드족으로 살고 싶지만 온라인 시스템에 대한 지식이 없어서 고민스러워할 것들도 책에 담았다. 어떤 플랫폼을 활용하여, 어떻게 시작하고, 온라인 세계에 돈을 벌 수 있는 판을 깔고, 자동으로 수익을 일으킬 수 있는지 구체적인 매뉴얼까지 알려줘서 그대로 따라하면 성과를 낼 수 있다.

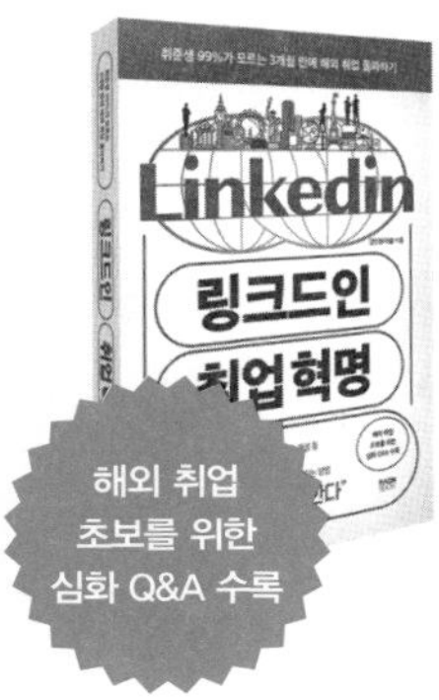

링크드인 취업혁명

김민경(미쉘) 지음 | 17,000원

해외 취업에 맞는 인재로 거듭나는 방법부터, 3개월 안에 내가 원하는 타깃 1,000명과 연결되는 방법

많은 글로벌 기업이 기존의 경영 시스템을 전환하고 새로운 인재를 발굴하고 있다. '링크드인'은 북미와 유럽권의 직장인 90% 이상이 사용하는 것은 물론 일반 사업자들도 해외사업 파트너를 찾기 위해 사용하는 세계 최대 비즈니스 소셜미디어 플랫폼이다. K-POP, K-미디어 등으로 인해 해외 기업의 한국인 채용이 증가한 지금이야말로 더 많은 경력을 쌓기 위해 해외 취업으로 눈을 크게 돌려야 할 때다.